Ab 8. Schuljahr

Holger Cebulla

Social Media & Suchmaschinen

... wie sie uns beeinflussen

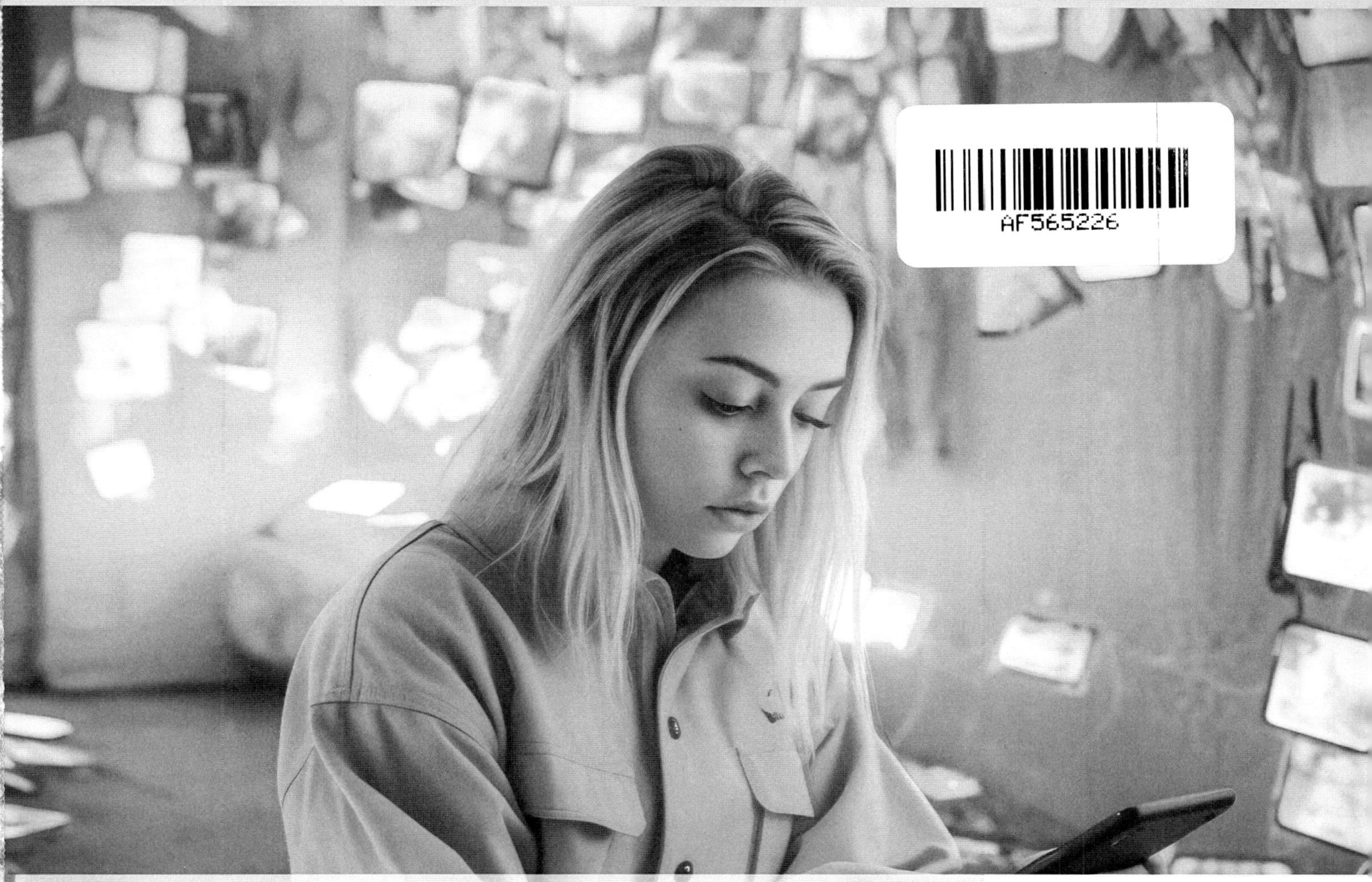

- Algorithmen & Nutzerprofile
- Suchmaschinen & Integrität
- Journalisten & Influencer

www.kohlverlag.de

Social Media & Suchmaschinen
... wie sie uns beeinflussen

1. Auflage 2024

Inhalt: Holger Cebulla
Coverbild: © Summit Art Creations - AdobeStock.com
Redaktion: Kohl-Verlag
Grafik & Satz: Kohl-Verlag
Druck: farbo prepress GmbH, Köln

Bestell-Nr. 13 095

ISBN: 978-3-98841-182-2

Bildquellen ©AdobeStock.com:

S. 2: © Africa Studio; S. 5: © Production Perig, Rawpixel.com; S. 6: © Vadim; S. 8: © BillionPhotos.com; S. 9: © EFStock; S. 10: © ehrenberg-bilder; S. 11: © britaseifert; S. 12: © yanlev; S. 14+15: © Gorodenkoff; S. 16: © Thaspol; S. 18: © Creative studio; S. 20: © EKH-Pictures; S. 21: © peterschreiber.media; S. 23: © Aleksei; S. 28: © PEDROMERINO; S. 30: © Berit Kessler; S. 33: © Jirapong, Rawpixel; S. 34: © Mediteraneo; S. 36: © Carlo; S. 40: © Sughra; S. 42+54: © XWord Rätsel

Inhalt

Vorwort

Liebe Kolleginnen und Kollegen,

in diesem Skript wird erörtert, wie die beständige Nutzung des Internets nicht nur das Verhalten und die Persönlichkeitsstruktur seiner Nutzer verändert, sondern auch deren Konzentration, Aufmerksamkeit und Merkfähigkeit mindert. Darüber hinaus beeinflussen bzw. manipulieren Social Media (SM) ihre Nutzer zu einem bestimmten Denken, ohne dass diese das i. d. R. bemerken, so zeigen es wissenschaftliche Forschungen.

Erläutert wird auch, dass eine Suchmaschine beständig Daten über seine Nutzer, sammelt, woraus Persönlichkeitsprofile der Nutzer erstellt werden. So wird man bei jedem Klick für die Suchmaschine immer bekannter. Diese Persönlichkeitsprofile werden vor allem an Firmen zu Werbezwecken verkauft, so verdienen Google und andere Suchmaschinen ihr Geld.

Gibt man ein Thema in eine Suchmaschine ein, erhält man augenblicklich jede Menge Informationen über dieses. Aber: Welche Informationen sind wahr, welche falsch? Wie der Wahrheitsgehalt einer Information überprüft werden kann und wie professionelle Journalisten gegenüber Influencern vorgehen, wenn sie Nachrichten ins Netz stellen, davon handelt ein weiteres Kapitel dieses Skripts. Aufgezeigt wird dann, wie Nachrichten in den SM konstruiert sind, die ihre Nutzer in eine bestimmte Richtung beeinflussen bzw. manipulieren sollen und woran das zu erkennen ist. Ein Kapitel widmet sich auch Verschwörungstheorien und zeigt auf, wie diese entstehen und warum Menschen an sie glauben. Dann wird die emotionale Wirkung von SM-Nachrichten auf ihre Nutzer erörtert und welche Verhaltensweisen bei diesen dadurch entstehen können, vor allem wenn man mit ihnen Face to Face diskutiert. Zum Schluss wird aufgezeigt, wie die eigene Kritikfähigkeit gegenüber SM-Nachrichten gestärkt werden kann.

Der Autor hofft, dass ihre Schülerinnen und Schüler nach der Lektüre seines Skripts nun kritischer mit den Social Media und dem Internet umgehen.

Viel Erfolg beim Durcharbeiten und dem Lösen der Aufgaben wünscht Ihnen der Kohl-Verlag und

Holger Cebulla

1 Einleitung

Die beständige Nutzung des Internets, vor allem mit dem Smartphone, verändert nicht nur das Verhalten und die Persönlichkeitsstruktur seiner Nutzer, sondern auch bestimmte Bereiche in deren Gehirn, z. B. die Merkfähigkeit, so zeigen es wissenschaftliche Forschungen. Eine der Forscherinnen, Nicole Wetzel, beschreibt das folgendermaßen: „Denn alles, was wir erleben, was wir lernen, egal ob wir ein Buch lesen oder eine Sandburg bauen, verändert unser Gehirn. Die Frage ist nicht ob, sondern wie genau. Man kann sich das vereinfacht so wie ein Wegenetz vorstellen: Am Anfang, bei einem Kleinkind, sind viele Wege angelegt. Und die Wege, die die Kinder häufig nutzen, die werden zu großen, breiten Straßen ausgebaut, wo der Verkehr schnell fließt. Wenig genutzte Wege verkümmern – ihr Ausbau wird später im Leben mühsamer. Wenn ich jeden Tag viele Male mein Handy hervorziehe, wird das irgendwann auch so eine breite Straße – um im Bild zu bleiben."
Ständige Nutzung des Smartphones führt ebenso zu Störungen der Konzentration, Aufmerksamkeit und kann süchtig machen.

Die Social Media beeinflussen und manipulieren aber auch ihre Nutzer, ohne dass diese das i. d. R. bemerken. Kaum bekannt ist nämlich, dass eine Suchmaschine bei jedem Klick beständig Daten der Nutzer sammelt und diese dann mit denen aller anderen Nutzer vergleicht. Daraus erstellt der Algorithmus der Suchmaschine Persönlichkeitsprofile der Nutzer. Beim nächsten Klick bekommt man dann zuerst die Informationen über das ausgewählte Thema angezeigt, die sich die Nutzer meines Persönlichkeitsprofils bisher angesehen haben.
Gibt man ein Thema in eine Suchmaschine ein, bekommt man für dieses zwar jede Menge an Informationen, aber sind diese auch wahr und richtig?
Eine weitere Frage ist, wie Nachrichten in den SM konstruiert sind, die ihre Nutzer in eine bestimmte Richtung beeinflussen bzw. manipulieren sollen und woran das zu erkennen ist.
SM-Nachrichten bewirken aber auch emotionale Veränderungen ihrer Nutzer, vor allem wenn man mit ihnen Face to Face diskutiert.
In diesem Skript werden dir Antworten zu den genannten Problemen gegeben, wie und warum diese entstehen und wie du sie vermeiden kannst.

2 Veränderungen im Gehirn bei ständiger Handy-Nutzung

Wissenschaftlich belegt ist bisher, dass der ständige Gebrauch des Smartphones dazu führt, dass die eigene Merkfähigkeit nachlässt. Denn da man ja etwas jederzeit googeln kann, zieht unser Gehirn daraus den Schluss, weniger speichern zu müssen.
Hinzu kommt, dass unser Gehirn bei der riesigen Datenmenge, die man beim Googlen auf dem Bildschirm erhält, häufig überfordert ist, diese zu verstehen und zu strukturieren. Denn unser Gehirn hat keine Festplatte, wie ein Computer, auf die es jederzeit zurückgreifen kann. Unser Gedächtnis besteht aus einem Netzwerk von rund 100 Milliarden Nervenzellen (= Neuronen). Miteinander gekoppelte Neuronen in unterschiedlichen Regionen des Gehirns speichern unsere Erinnerungen. Wenn wir auf einem Gebiet viel lernen, entstehen vermehrt neue Verknüpfungen (= Synapsen) der Neuronen, so werden wir dann auf diesem Gebiet ein Experte. Sind die Neuronen allerdings beständig damit beschäftigt, die im Handy gesehenen Informationen zu sortieren und abzulegen, so fehlt dem Gehirn Kapazität, komplexere Sachverhalte zu verstehen bzw. zu begreifen und selbst auf neue Lösungen zu kommen.
Untersuchungen mit Testpersonen, die mit dem Internet groß geworden sind, sogenannte Digital Natives, erbrachten folgendes Ergebnis: Stellte man Digital Natives eine einfache Frage, dachten sie nicht darüber nach, ob sie die Antwort selbst wüssten, sondern nur über eine Internetsuche dazu. Eine vernünftige Suchanfrage kann man aber nur starten, wenn man selbst schon einiges zu der gestellten Frage weiß. Sonst kriegt man 80.000 Antwort-Treffer in 0,4 Sekunden. Die meisten Nutzer lesen nur die ersten drei Treffer. Sie glaubten dann, die richtige Antwort zu haben. Um eine Antwort jedoch als richtig, gut oder schlecht einschätzen zu können, braucht man dafür entsprechende Erfahrung und Übung. Diese Kompetenz fehlte aber den Digital Natives, denn beständiges Googeln lässt eine solche kaum entstehen.

Auch die Zeit, wie lange wir uns auf etwas konzentrieren können, nimmt bei ständiger Handy-Nutzung ab. Untersuchungen stellten fest, dass beständige Handy-Nutzer etwa 40 Sekunden bei einer Sache bleiben, bevor sie sich ablenken lassen.
Der Psychologe Adrian F. Ward stellte bei seinen Versuchen fest, dass allein die Nähe des eigenen Smartphones ausreicht, dass Menschen bei Testfragen schlechter abschneiden. Lag das Gerät in einem anderen Raum, dachten die Versuchspersonen mehr nach und antworten korrekter. Daraus folgerte Ward, dass beständige Handy-Nutzung Ressourcen im Gehirn bindet, vor allem im Arbeitsgedächtnis, welches u. a. hilft, logisch zu denken bei der Lösung von Aufgabenstellungen.
Ist das Arbeitsgedächtnis mit ständiger Handy-Nutzung beschäftigt, kommt es auch zu Aufmerksamkeitsdefiziten, Verzögerungen beim Begreifen eines Sachverhalts und verminderter Lernfähigkeit.
Die beschriebenen Veränderungen im Gehirn entstehen schon im Kindesalter. In den ersten zwei Jahren wächst das Gehirn eines Kindes um die dreifache Größe an. Es entwickelt sich rapide bis zum 21. Lebensjahr weiter. Wie sich das Gehirn entwickelt und sich strukturiert, wird von der Umwelt entscheidend beeinflusst und mitbestimmt.
Je früher Kinder bzw. Jugendliche mit beständiger Handy-Nutzung anfangen, desto stärker werden sich bei ihnen die beschriebenen Gehirnveränderungen ergeben.

SOCIAL MEDIA & SUCHMASCHINEN ... wie sie uns beeinflussen – Best.-Nr. 13 095
KOHL VERLAG

2 Veränderungen im Gehirn bei ständiger Handy-Nutzung

Aufgabe 1: *a) Warum kann man sich weniger merken, wenn man ständig sein Handy nutzt?*

____

____

b) Welche Art von „Festplatte“ hat der Mensch, um sich etwas zu merken?

____

____

c) Warum kann das Gehirn bei ständiger Handy-Nutzung komplexere Sachverhalte schwerer verstehen bzw. begreifen?

____

____

Aufgabe 2: *Welche Voraussetzung ist nötig, um eine gegoogelte Information als sinnvoll oder richtig einschätzen zu können?*

____

____

Aufgabe 3: *Welche Folgen ergeben sich für das Arbeitsgedächtnis bei Menschen, die beständig ihr Handy nutzen?*

____

____

Aufgabe 4: *Welchen Einfluss hat die Handy-Nutzung auf die Entwicklung des Gehirns von Kindern und Jugendlichen?*

____

____

____

____

KOHL VERLAG SOCIAL MEDIA & SUCHMASCHINEN ... wie sie uns beeinflussen – Best.-Nr. 13 095

3 Störungen der Konzentration, Aufmerksamkeit und Merkfähigkeit

In Großbritannien veröffentlichte die Gesundheitsorganisation RSPH einen Report zu sozialen Netzwerken und der Gesundheit junger Menschen. Wer mit dem Smartphone aufsteht, den gesamten Tag über online bleibt und damit ins Bett geht, riskiert Stress, ständige Ablenkung und ein verkürztes Konzentrationsvermögen. Einer von fünf Jugendlichen kontrolliert sogar nachts sein Handy, um nichts zu verpassen, was den Schlaf massiv stören kann.
Wenn bei der Arbeit oder Schulaufgaben das Handy neben einem liegt und man quasi automatisch immer wieder schaut, ob es neue Meldungen gibt, lenkt einen das davon ab, sich auf die Arbeitsanforderungen oder Schulaufgaben voll konzentrieren zu können. Im Schnitt sind es gerade einmal elf Minuten am Stück, so eine Untersuchung von Computerwissenschaftlern der University of California in Irvine, die wir uns im Arbeitsalltag einer Aufgabe widmen können, bevor z. B. ein Anruf, eine E-Mail oder eine Nachricht im Messenger uns stört. Das Gehirn wird so unterschwellig immer wieder mit vielen unterschiedlichen Informationen konfrontiert, was dazu führt, dass die Konzentration auf die Arbeit nachlässt und die Arbeitsleistung sich verringert. Allerdings wurde auch festgehalten: „Überforderung und Ablenkungspotenzial sind keine Argumente gegen ein Medium an sich, sondern gegen die ungesteuerte Nutzung."
Der amerikanische Psychiater Edward Hallowell nennt dieses Phänomen „Attention Deficit Trait" - kurz ADT. Den Begriff ADT hat er in Anlehnung an die vor allem bei Kindern bekannte Aufmerksamkeitsdefizitstörung namens ADHS gewählt, denn die intensive Mediennutzung verursacht ADHS-ähnliche Symptome. Von ADT betroffene Personen klagen nämlich ebenfalls über Konzentrationsprobleme, eine ziemlich kurze Aufmerksamkeitsspanne sowie eine geringe Frustrationstoleranz, läuft mal was schief.
Es kann neben diesen Problemen auch noch zu einer Art „digitaler Demenz" kommen, denn auch das Erinnerungsvermögen, so stellte man fest, lässt bei ständigem Konsum von SM-Inhalten nach.

Aufgabe 1: *Welche der folgenden Aussagen sind richtig, welche falsch? Korrigiere dann die falschen Aussagen.*

1. Eine Untersuchung bei Jugendlichen stellte fest: Wer ständig sein Smartphone nutzt, erzeugt bei sich Stress und ein vermindertes Konzentrationsvermögen.
2. Liegt das Handy neben einem, wenn man Schulaufgaben macht, kann man sich auf diese nicht mehr konzentrieren.
3. Eine Untersuchung stellte fest: Durch die Handy-Nutzung bei der Arbeit werden wir durch Nachrichten auf dem Handy alle fünfzehn Minuten davon abgelenkt, uns den Arbeitsaufgaben zu widmen.
4. In der Untersuchung wurde festgestellt, dass die reine Handy-Nutzung die Arbeitsleistung nicht vermindert, sondern es abhängig davon ist, wie das Handy genutzt wird.
5. Bei ständiger Handy-Nutzung kann es zu ähnlichen Symptomen wie bei ADHS kommen.
6. Im Alter kann bei ständiger Handy-Nutzung eine „Digitale Demenz" entstehen.

Aufgabe 2: *Welche Voraussetzung ist nötig, um eine gegoogelte Information als sinnvoll oder richtig einschätzen zu können?*

____

____

SOCIAL MEDIA & SUCHMASCHINEN ... wie sie uns beeinflussen – Best.-Nr. 13 095

4 Suchtgefahr durch Handy-Nutzung

Bei Untersuchungen, die Phil Reed, Professor für Psychologie an der Swansea University in Wales durchführte, ergab sich, dass starke Internetnutzer negative Stimmungsschwankungen erleben, wenn sie mit dem Surfen aufhören. Etwa 50 % der Jugendlichen und etwa 25 % der Erwachsenen gaben an, keinen einzigen Tag auf ihr Smartphone verzichten zu können. Ohne dieses fühlen sie sich unruhig, angespannt oder sogar ängstlich, was auch der Fall ist, wenn der Akku des Smartphones leer ist.
Diese Verhaltensmuster weisen auf eine Smartphone-Abhängigkeit hin, denn die Betroffenen überprüfen ständig ohne Grund, ob neue Nachrichten eingetroffen sind. Das Gehirn befindet sich bei ihnen so in dauernder Alarmbereitschaft, keine Nachricht zu verpassen.

Wissenschaftler erklären den suchtgefährdenden Charakter des Internets damit, dass seine Nutzung unmittelbar selbstbelohnend wirkt. Man findet nämlich auf eine Frage sofort eine Antwort, und muss nicht mühselig dazu in Büchern nachschlagen. Man kann seine Meinung mit anderen teilen und bekommt von ihnen durch das Daumen hoch Symbol Bestätigung. Man findet in den vielen SM-Gruppen immer Gleichgesinnte, mit denen man sich austauschen kann. Durch den „Gefällt Button" wird man Mitglied einer großen Jury, die zu allem ihr Gefallen oder Missfallen ausdrückt, wobei man seine Bewertung nicht erklären oder rechtfertigen muss. Ereignisse, die einen interessieren, kann man durch ins Netz gestellte Videos miterleben. Man kann in den SM auch beliebig meckern, wie unqualifiziert auch immer, solange es dem Mainstream dort entspricht. So kann man Wut, Ärger und Frust loswerden, ohne Sanktionen befürchten zu müssen. Man kann auch aus einer als negativ empfundenen Realität flüchten, indem man sein Leben nun in SM-Gruppen verbringt. Man wird also für alles, was man tut, sofort bzw. schnell belohnt. Bleiben solche Belohnungen in einer SM-Gruppe aus, wechselt man diese einfach und schließt sich einer anderen Gruppe an, die einem diese gibt.
Als Folgen der Internetsucht ergeben sich häufig egoistische Kommunikationsstrukturen, ein Mangel an mitfühlendem Verhalten, sowie fehlende Konfliktfähigkeit, stellten die Wissenschaftler auch noch fest.
Um einer Smartphone-Sucht vorzubeugen, wird eine „digitale Diät" empfohlen: Zunächst soll man sich klar machen, dass eine Smartphone-Abhängigkeit einem natürlichen Bedürfnis nach Kommunikation entspricht. Dann sollten Push-Benachrichtigungen abgestellt und feste Zeiten festgelegt werden, wann das Smartphone überprüft wird. Schließlich sollte mit der Familie und Freunden Regeln festgelegt werden, wann und wie oft digital kommuniziert wird.

Aufgabe 1: *Welche Folgen ergeben sich, laut einer Untersuchung, für starke Internetnutzer, wenn sie veranlasst werden, mit dem Surfen aufzuhören?*

KOHL VERLAG
SOCIAL MEDIA & SUCHMASCHINEN ... wie sie uns beeinflussen – Best.-Nr. 13 095

4 Suchtgefahr durch Handy-Nutzung

Aufgabe 2: *Verbinde die Satzanfänge mit den richtigen Satzenden.*

Satzanfänge	Satzenden
Man kann in den SM-Wut, Ärger und Frust loswerden,	dass das Gehirn der Betroffenen sich in dauernder Alarmbereitschaft befindet, keine Nachricht zu verpassen.
Eine Smartphone-Sucht zeichnet sich dadurch aus,	ohne Sanktionen befürchten zu müssen.
Bei Internetsüchtigen stellt man häufig einen Mangel an	dass seine Nutzung unmittelbar selbstbelohnend wirkt.
Die Suchtgefahr des Internets wird dadurch bestärkt,	Nachrichten zu reflektieren, z. B. auf ihren Wahrheitsgehalt.
Bei beständiger Handy-Nutzung fehlt die Zeit,	und Social-Media-Abhängigkeit.
Krankenkassen warnen vor Internetsucht	mitfühlendem Verhalten und egoistische Kommunikationsstrukturen fest.

Aufgabe 3: *Um einer Smartphone-Sucht vorzubeugen, solltest du dir eine „digitale Diät" verordnen. Wie sieht eine solche aus?*

____

____

____

____

5 Die Fähigkeit, komplexe Themenstellungen analysieren zu können geht bei ständiger Handy-Nutzung zurück

Bei der beschriebenen ständigen Handy-Nutzung besteht auch die Gefahr, dass Menschen die Fähigkeit, sich mit komplexen Fragestellungen auseinanderzusetzen teilweise verl eren. Denn dazu bedarf es der Fähigkeit, solche Themen strukturieren zu können und zu entscheiden, was bei diesen wichtig ist. Da das Gehirn beständig damit beschäftigt ist, sich neue Nachrichten anzusehen, konnte es diese Fähigkeiten nur bedingt ausbilden, zeigten psychologische Untersuchungen. Das bedeutet aber auch, dass man weniger in der Lage ist, zu überprüfen, welche Aussagen im Netz wahr und welche falsch sind und eher die für wahr erachtet, die immer wieder z. B. von Influencern genannt werden. Vgl. hierzu auch später die Kapitel 9 und 10.

Aufgabe 1: *Warum besteht die Gefahr, dass man bei ständiger Internetnutzung die Fähigkeit verlieren kann, sich mit komplexeren Themen auseinanderzusetzen?*

____

____

____

____

Aufgabe 2: *Nenne komplexere Themen, die für unsere Demokratie wichtig sind, die bei ständiger Internetnutzung nur noch beschränkt begriffen werden können.*

____

____

____

6 Vorteile des Lesens von Büchern

Wer lange und regelmäßig Texte am Bildschirm liest, dem fällt es häufig schwerer, länger ein Buch oder auf Papier Geschriebenes konzentriert zu lesen. Intensives Lesen wird plötzlich zum Stress, denn beim digitalen Lesen klopft man den Text meist nur auf Schlüsselwörter ab und überfliegt den Rest. So ergaben wissenschaftliche Untersuchungen, dass das Verstehen und Begreifen eines Sachverhalts daher besser gelingen, wenn dieser durch ein Buch oder Gedrucktes vermittelt wurde.

Passend dazu konnten Forscher auch zeigen, dass lange Informationstexte, z. B. aus Büchern, im Gehirn besser gespeichert werden, als wenn sie aus dem Netz gefischt wurden. So besteht die Gefahr, dass sich das Gehirn durch die neuen digitalen Lesegewohnheiten insgesamt daran gewöhnen könnte, oberflächlich zu denken und Sachverhalte einfach hinzunehmen und nicht zu hinterfragen. Auch beim schulischen Lernen führt das Lesen von Onlinetexten dazu, dass diese weniger im Langzeitgedächtnis abgelegt werden.

Grundsätzlich gilt, dass Lesen, anders als Sehen und Sprechen, nicht biologisch angeboren ist, sondern erlernt wird. Das heißt, dass das Gehirn die Netzwerkverbindungen der Zellen, die zum Lesen notwendig sind, erst anlegen muss. Wobei ein Mensch beim Lesen Hochleistungen vollbringt: Das Gehirn muss blitzschnell Zusammenhänge bilden, unsinnige Wortbedeutungen unterdrücken und vieles mehr.

In einer wissenschaftlichen Untersuchung wurden zwei Gruppen gebildet: Die eine erhielt einen Wikipedia-ähnlichen Text mit Links zum Weiterklicken, die andere Gruppe einen Text ohne Links. Nach Durchlesen des Textes musste dessen Inhalt zusammenfassend mit eigenen Worten wiedergegeben werden, um so zu ermitteln, wieviel behalten wurde. Das Ergebnis: Die Links bedeuten Ablenkung, und damit ein schlechteres Lernergebnis. Die Erklärung hierfür: Der Link löste häufig einen Impuls im Kopf aus, auf die neue Netzseite zu gehen. Den musste das Gehirn unterdrücken, um sich weiter dem Verstehen des Textes zu widmen. Ein solches Unterdrücken belastete das Arbeitsgedächtnis, so ergaben sich die schlechteren Lernergebnisse.

Daher wird das Lesen von Büchern empfohlen, ganz egal ob Belletristik oder Sachbuch. Der regelmäßige Konsum von Belletristik kann auch mit verbesserten sozialen Fähigkeiten einhergehen. Eine Untersuchung kanadischer Psychologen der University of Toronto widmete sich diesem Thema: Dabei kamen sie zu dem Ergebnis, dass Probanden, die gerne Belletristik lasen, besser bei einem Empathie-Test abschnitten. Sie konnten nämlich Emotionen, Gedanken, Motive und Persönlichkeitsmerkmale anderer Personen besser erkennen, verstehen und nachempfinden.

Aufgabe 1: *Warum wird es häufig als Stress von Personen erlebt, die viel digital lesen, wieder ein Buch zu lesen?*

___

___

___

KOHL VERLAG SOCIAL MEDIA & SUCHMASCHINEN ... wie sie uns beeinflussen – Best.-Nr. 13 095

6 Vorteile des Lesens von Büchern

Aufgabe 2: *Warum werden Personen durch Links zum Weiterklicken bei Onlinetexten vom Lesen abgelenkt?*

____

____

____

Aufgabe 2: *Was glaubst du, könnte die Ursache sein, dass Menschen, die gerne Belletristik lesen, ein gutes Empathie Empfinden haben?*

____

____

____

Aufgabe 4: *Setze in die Lücken im Text die fehlenden Wörter ein.*

angeboren – digitales – Gefahr – Gehirn – Gründlichkeit – Netz – ungeübter – unsinnige – vergleichen – Zusammenhänge

Wissenschaftliche Forschungen zeigten, dass das ______________ lange Texte aus Büchern besser speichert, als wenn die, in diesen behandelten Informationen, im ______________ standen. Daher sehen die Forscher die ______________, dass ______________ Lesen dazu führt, dass unser Gehirn insgesamt denkt und Sachverhalte nicht mehr hinterfragt. Denn Lesen ist nicht ______________, sondern muss erst gelernt werden. Lesen ist eine Hochleistungsarbeit, denn das Gehirn muss z. B. blitzschnell ______________ bilden, ______________ Wortbedeutungen erkennen und das Gelesene mit anderem Gespeicherten ______________. Ist das Gehirn in diesen Fähigkeiten ______________ durch digitales Lesen, führe das zu einem Mangel an ______________ und Sorgfalt bei der Auseinandersetzung mit Themen, so die Forscher.

SOCIAL MEDIA & SUCHMASCHINEN ... wie sie uns beeinflussen – Best.-Nr. 13 095

7 Digitale Medien im Unterricht

Der Einsatz digitaler Medien im Unterricht ersetzt den Lehrer nicht, so zeigen es Untersuchungen. Ein schlechter Unterricht wird durch digitale Medien nicht besser. Nur ein guter Unterricht kann davon profitieren.
Zur Nutzung von Smartphones im Unterricht gibt es Pro und Contra Meinungen.

Pro:
Mit Handys können Schüler bei Bedarf schnell auf hilfreiche Informationen zu Lerninhalten online zugreifen.
Mit einem Smartphone können wichtige Termine in Sekundenschnelle in dessen Kalender gespeichert werden. Steht bald eine Mathe-Klausur an? Muss morgen eine wichtige Hausaufgabe abgegeben werden?
Sollte es in der Schule mal zu einem Notfall kommen, können die Eltern schnell benachrichtigt werden.
Spezielle Lern Apps können den Stoff, den der Lehrer vermittelte, durch Videos weiter vertiefen. Apps dienen auch der Wiederholung von vermitteltem Stoff, indem sie den Schülern Fragen und Aufgaben zu diesem präsentieren.

Contra:
Die Lehrkräfte können nicht kontrollieren, ob Schüler das Handy wirklich für die Bearbeitung von Aufgaben nutzen.
Smartphones können die Schüler ablenken, vor allem, wenn diese für private Angelegenheiten genutzt werden, was sich negativ auf deren Aufmerksamkeit und schulische Leistung auswirken kann.
Ein Smartphone wird unter Kindern und Jugendlichen gerne als ein Statussymbol betrachtet. Dies kann dazu führen, dass Schüler ohne ein („angesagtes") Smartphone benachteiligt sind oder gar zu Mobbingopfern werden.
In Bayern sind Handys an Schulen seit 2006 offiziell nicht mehr erlaubt. Fakt ist aber: Kaum einer hält sich an das Verbot.
Bei einem Handy-Verbot im Unterricht zeigte eine Untersuchung, dass sich die Lernenden um durchschnittlich über sechs Prozent verbesserten. Noch höher ist der Wert, wenn man nur die schwächeren Schüler betrachtet. Ihre Leistung wurde sogar um fast 15 Prozent gesteigert. Gute Schüler ließen sich nur selten von ihrem Handy während des Unterrichts ablenken. Dass Mobiltelefone auch als Hilfsmittel zum Lernen eingesetzt werden können, wurde in der Studie vernachlässigt.
Hier ein Beispiel, wie Smartphones im Unterricht sinnvoll eingesetzt werden können:
Den Schülern wird ein Text vorgelegt, den sie dann in einem Texteditor oder der SMS-App abtippen müssen. Wichtig dabei ist, dass sie Folgendes beachten: Eine korrekte Rechtschreibung der Wörter, deren Groß- und Kleinschreibung, die Setzung von Punkten und Kommas. Wer zuerst fertig ist, läuft nach vorne und legt sein Smartphone auf den Tisch. Sobald drei Schüler abgegeben haben, endet der Wettbewerb. Dann werden die Texte verglichen und der Gewinner wird bekanntgegeben. Er erhält entweder eine gute Note oder eine andere Belohnung. Dann startet die nächste Runde.

7 Digitale Medien im Unterricht

Aufgabe 1: *Zur Nutzung von Smartphones im Unterricht gibt es Pro und Contra Meinungen.*

a) *Führe Punkte an, die für einen Einsatz im Unterricht sprechen.*

____

____

____

b) *Führe Punkte an, die gegen einen Einsatz im Unterricht sprechen.*

____

____

____

Aufgabe 2: *Welche der Aussagen sind richtig, welche falsch? Korrigiere dann die falschen Aussagen.*

	richtig	falsch
1. Digitale Medien können im Unterricht den Lehrer ersetzen, so Forschungsergebnisse.		
2. Ein schlechter Unterricht kann durch digitale Medien verbessert werden.		
3. In Bayern gibt es schon lange ein Verbot von Handys an Schulen, das auch beständig kontrolliert wird.		
4. Bei einem Handy Verbot im Unterricht, zeigte eine Untersuchung, dass sich dann die Lernleistung der Schüler im Durchschnitt um über sechs Prozent verbesserte.		
5. Schwächere Schüler konnten ihre Leistung sogar um fast 25 Prozent steigern.		
6. Die Untersuchung zeigte auch, dass gute Schüler sich von ihrem Handy nur selten während des Unterrichts ablenken lassen.		

KOHL VERLAG SOCIAL MEDIA & SUCHMASCHINEN ... wie sie uns beeinflussen – Best.-Nr. 13 095

8 Wie die Algorithmen des Internets vorgeben, was angezeigt wird, wenn man im Netz etwas nachschaut.

Gibst du einen Begriff z. B. bei Google ins Netz ein, werden dir für das eingegebene Thema zuerst die Ergebnisse angezeigt, die am häufigsten von anderen gesucht oder gefunden wurden. Erst auf den nächsten Seiten erscheinen dann weitere Informationen zu deinem Thema. Das bedeutet aber auch, dass permanent Daten über dich gesammelt werden, z. B. auf welche Links du klicktest, was für Videos du dir bis zum Ende ansiehst, wie schnell du von einer Nachricht zur nächsten springst, wo du dich befindest, während du das tust etc. Aus diesen Daten erstellt der Algorithmus der Suchmaschine ein Profil von dir, nämlich welche Interessen, Einstellungen, persönlichen Werte, Vorlieben etc. du hast. Eine Suchmaschine arbeitet nämlich nach dem Prinzip, wonach jemand sucht, lässt erkennen, was ihm wichtig ist.
Dein Profil wird dann mit denen anderer Social Media (= SM) Nutzer abgeglichen, indem nach gemeinsamen Merkmalen geschaut wird. Daraus werden Persönlichkeitsprofile erstellt, z. B. der Gewissenhafte, der Extrovertierte, der Konservative, der Sportliche, der politisch Interessierte, der Gesundheitsorientierte, der Tierliebende etc. Wenn du dir zum Beispiel häufig Videos deiner Lieblingsband anschaust, merkt sich das der Algorithmus und schlägt dir dann immer wieder Videos von Bands der gleichen Musikrichtung vor. Umweltschützer bekommen andere Meldungen über internationale Ölfirmen angezeigt als unpolitische Nutzer. Wenn jemand etwas sucht, wird er also davon beeinflusst, was andere suchten und beeinflusst wiederum andere.
Solche Profile sind vor allem für Firmen interessant, um Werbung für ihre Produkte den dafür infrage kommenden Kunden zuzumailen. Haben Nutzer, die deinem Profil ähneln, bei einer Firma etwas gekauft, bekommst auch du deren Werbung. Bist du beispielsweise als tierliebend eingestuft worden, erhältst du dann z. B. immer wieder Werbung für Tierfutter.
Firmen wie Google etc. fungieren also als Vermittler zwischen Nachfrager und Anbieter, erzeugen aber selbst nichts, außer dem Sammeln von Nutzerdaten. Durch dieses verdienen sie ihr Geld.
Das eben Beschriebene gilt auch für politische Themen. Durch die beschriebenen Persönlichkeitsprofile bekommst du, wenn du bei Google ein solches Thema eingibst, primär die politischen Ansichten gezeigt, die deinem Persönlichkeitsprofil entsprechen. Bist du z. B. als konservativ eingestuft, erhältst du zuerst Nachrichten der AfD bzw. CSU. So wird man möglicherweise auch dahingehend - zumindest indirekt - beeinflusst, bei der nächsten Wahl eine bestimmte Partei zu wählen.
Das beschriebene Prinzip von Suchmaschinen hilft dir einerseits, möglichst schnell zu deinem eingegebenen Thema die gängigsten Informationen zu finden, aber du bekommst für dein Thema auch nur die Mainstream-Informationen, denn die wenigsten machen sich die Mühe, neben der ersten Seite auch noch weitere Seiten mit Suchergebnissen anzusehen. Du hast auch keine Kontrolle bzw. Wissen darüber, wem deine Daten weitergegeben bzw. verkauft werden, so wirst du mit jedem Klick im Netz „durchsichtiger“.

KOHL VERLAG
SOCIAL MEDIA & SUCHMASCHINEN ... wie sie uns beeinflussen – Best.-Nr. 13 095

Wie die Algorithmen des Internets vorgeben, was angezeigt wird, wenn man im Netz etwas nachschaut.

Aufgabe 1: *Beschreibe stichwortartig das Prinzip von Suchmaschinen im Netz.*

____

____

____

____

Aufgabe 2: *Beschreibe, wie z. B. bei Google Persönlichkeitsprofile der Nutzer entstehen.*

____

____

____

____

Aufgabe 3: *Warum wird deine Persönlichkeit mit jedem Klick, den du in eine Suchmaschine eingibst, für diese immer bekannter?*

____

____

____

____

Aufgabe 4: *Gib mal ein Thema, das dich interessiert, bewusst immer wieder ins Netz ein. Tue das einige Tage hintereinander. Wie häufig bekommst du nun Werbung, die mit deinem eingegebenen Thema zu tun hat?*

____

____

____

____

9 Wie der Wahrheitsgehalt einer Information bzw. Nachricht in den SM überprüft werden kann.

In den SM gibt es zahllose Informationen, Meinungen und Weltanschauungen. Jeder kann Inhalte dort verbreiten. Das ist gleichzeitig ein Vor- und ein Nachteil des Internets, denn es stellt sich die Frage, welche Aussagen davon sind wahr, welche falsch? Es gibt verschiedene Formen von Unwahrheiten im Netz: Als Fake News werden manipulierte Nachrichten bezeichnet. Sie werden aus politischen oder persönlichen Gründen verbreitet, um Menschen zu täuschen bzw. ihre Meinungsbildung zu beeinflussen. Ein aktuelles Beispiel ist Putins Kampagne zur Rechtfertigung des Ukraine Krieges gegenüber der Bevölkerung, der ein „Sonder-Militäreinsatz" sei. Falschmeldungen können auch unbeabsichtigt entstehen, beispielsweise wird die Äußerung eines Politikers einem anderen zugeschrieben. Eine seriöse Zeitung korrigiert den Fehler dann in der nächsten Ausgabe.

Wenn Fotos oder Videos ins Netz gestellt werden, um eine Aussage zu belegen und bei diesen fehlt eine Datumsangabe bzw. es wird nicht gesagt, wo diese gemacht wurden, ist Vorsicht geboten. Denn dann könnten es Aufnahmen sein, die zu einem anderen Zeitpunkt oder an einem anderen Ort gemacht wurden und somit als Beleg für die Aussage anzuzweifeln sind.

Es gibt zunehmend auch durch Künstliche Intelligenz (= KI) erzeugte Nachrichten, d. h. kein Mensch schrieb diese, sondern ein Computer Programm. So ist schwer zu erkennen, ob das Programm wahre Nachrichten zusammenstellte oder Fake News produzierte.

Wie kann der Wahrheitsgehalt einer Information also überprüft werden? Zuerst einmal ist es wichtig darauf zu achten vom wem die Nachricht stammt. Nachrichtenseiten von professionellen Medien wie z. B. der Tagesschau, der Tageszeitung, Spiegel, Focus etc. sind vertrauenswürdiger als Social Media-Accounts von Influencern. Bei professionellen Medien wird in der Regel auch gesagt, woher die Information stammt, z. B. vom Bundeskanzler, einem mit Namen genannten Experten, aus einer wissenschaftlichen Untersuchung oder Studie. Oder es wird ausdrücklich angeführt, dass die Nachricht nicht überprüft werden konnte. Du kannst also dem Wahrheitsgehalt von Nachrichten dieser Medien mehr vertrauen als denen, die von Influencern ins Netz gestellt werden.

Sicherheitshalber kann man das Thema einer Nachricht auch noch mal in die Suchmaschine eingeben und prüfen, ob andere Artikel ähnliches berichten, so arbeiten auch Journalisten. Wenn man keine zweite Quelle findet, kann es sein, dass die Information nicht stimmt. Es gibt auch spezielle Webseiten, zu denen verdächtige Meldungen geschickt werden können, beispielsweise hoaxmap.org, mimikama.org, correktiv.org, Faktencheck.

Wenn viele Buchstabendreher oder Rechtschreibfehler in einer Nachricht vorkommen, ist Vorsicht angesagt, professionellen Journalisten würde so etwas nicht passieren.

Werden bei einem Sachverhalt als Beleg, dass die genannten Informationen stimmen, Prozentzahlen genannt, aber es wird nicht angegeben, aus welcher Untersuchung oder Studie diese stammen, solltest du misstrauisch werden.

Misstrauen ist auch angesagt, wenn das Datum einer Nachricht sehr alt ist oder gar nicht genannt wird.

Wie ausgewogen, objektiv und unparteiisch in einer Nachricht die Informationen übermittelt werden, ob auch gegenteilige Standpunkte z. B. von Politikern bzw. Experten aufgeführt werden, welche nachprüfbaren Fakten genannt werden, ob die Sprache emotionsfrei ist, sind weitere Kriterien, um einschätzen zu können, wie wahr die Inhalte sind.

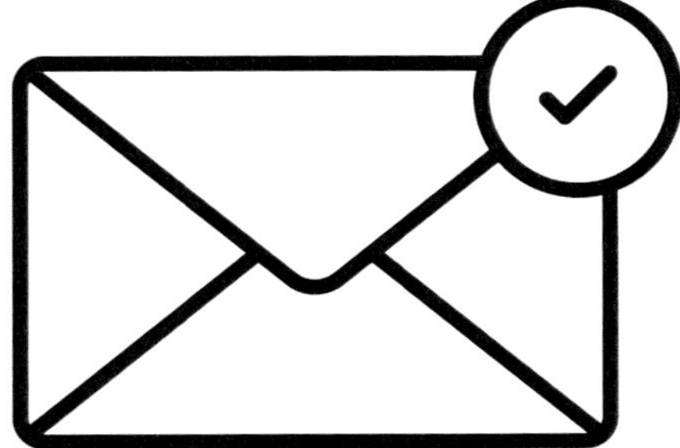

Wie der Wahrheitsgehalt einer Information bzw. Nachricht in den SM überprüft werden kann.

Aufgabe 1: *Führe Kriterien auf, anhand derer der Wahrheitsgehalt von Nachrichten im Netz nachgeprüft werden kann.*

____

____

____

____

Aufgabe 2: *Welche der Aussagen sind richtig, welche falsch? Korrigiere dann die falschen Aussagen.*

	richtig	falsch
1. Als Fake News werden Nachrichten bezeichnet, die die Suchmaschinen selbst erstellten.		
2. Fake News werden u. a. aus politischen Gründen verbreitet, um Menschen zu täuschen bzw. ihre Meinungsbildung zu beeinflussen.		
3. Findet man übertrieben bzw. reißerisch formulierte Überschriften bei Texten, Fotos oder Videos, ist deren Wahrheitsgehalt anzuzweifeln.		
4. Nachrichten werden auch immer häufiger durch Künstliche Intelligenz erzeugt, die diese dann vorher schnell, genau, umfassend und wahr recherchierte.		
5. Es gibt spezielle Webseiten im Netz, die den Wahrheitsgehalt einer Nachricht nachprüfen.		
6. Werden in einer Nachricht Statistiken genannt, die diese untermauern, ist die Nachricht mit hoher Wahrscheinlichkeit richtig.		
7. Werden in einer Nachricht unterschiedliche, sich auch ggfs. widersprechende Sachverhalte genannt, sollte man an dem Wahrheitsgehalt der Nachricht zweifeln.		

Aufgabe 3: *Du suchst im Netz Infos zu den Protesten der „Letzten Generation“. Du entdeckst dabei auch eine Nachricht vom September 2023, in der eine Beteiligte schildert, dass die Polizisten bei einer Demonstration in Berlin die Demonstranten mit großer Gewalt von der Straße entfernten, an der sie sich festgeklebt hatten. Als Beleg dafür ist ein Video eingestellt, welches zwei Polizisten zeigt, die einen Demonstranten gewaltsam hochzerren, ihm die Hände auf den Rücken drehen und abführen. Alle Beteiligten tragen Corona-Masken, die Umgebung oder andere Demonstranten werden nur undeutlich gezeigt. Nenne Gründe, warum du dieser Nachricht nicht vertrauen solltest.*

Wie Nachrichten in den SM konstruiert sind, die ihre Nutzer in eine bestimmte Richtung beeinflussen bzw. manipulieren sollen

Die offiziellen Medien, d. h. Zeitungen, Öffentlich-Rechtliche Rundfunkanstalten, beschäftigen professionelle Reporter, die Nachrichten verfassen. Diese interviewen z. B. Wirtschaftsfachleute, Wissenschaftler, Politiker zu den Themen, über die sie berichten. Sie haben meist auch Informanten in den engeren Zirkeln der Politik, die ihnen Insider-Nachrichten zukommen lassen, z. B. wer was bei einer Besprechung im Kanzleramt sagte. Alles wird auf seinen Wahrheitsgehalt hin überprüft, möglichst soll eine Nachricht von mindestens zwei voneinander unabhängigen Quellen geprüft werden. Erst dann wird ein Artikel darüber geschrieben, dessen Inhalt möglichst wertfrei dargestellt wird. Auch Skandale bzw. Fehlverhalten z. B. von Politikern werden so aufgedeckt. Die offiziellen Medien können so vorgehen, weil sie durch den Verkauf ihrer Zeitungen, ihrer Online-Nachrichten und Werbung Geld verdienen bzw. dieses als ARD von den Nutzern zwangsläufig bekommen (vgl. Rundfunkgebühren), und so qualifizierte Reporter beschäftigen können.

Wenn (seriöse) Wissenschaftler neue Erkenntnisse bei Forschungen, die sie betreiben, bekommen, veröffentlichen sie diese zuerst in Fachzeitschriften oder Onlineforen. Ihre Ergebnisse werden dann von anderen Wissenschaftlern gelesen, diskutiert, bestätigt oder abgelehnt. Dabei begründen die Wissenschaftler, warum sie dieser Meinung sind. So erhalten die Wissenschaftler Anregungen, weiter zu forschen, neue Aspekte dabei mit einzubeziehen oder die Forschung aufzugeben. Erst nach dieser Kritikphase werden die Ergebnisse in den Nachrichten, Zeitungen bzw. dem Netz veröffentlicht. So kann man sicher sein, dass diese der Wahrheit entsprechen. Allerdings kann es vorkommen, dass Experten, werden sie von Journalisten befragt, Sachverhalte so komplex darlegen, dass man nicht versteht, was sie meinen. Schon aufgrund der vielen Fachausdrücken, kann schnell ein Gefühl entstehen, intellektuell minderbemittelt zu sein.

Werden Nachrichten hingegen von „Laien-Reportern“ in den SM-Medien verbreitet, wurden diese fast ausschließlich im Netz recherchiert. Die Überprüfung auf deren Wahrheitsgehalt tritt dabei in den Hintergrund. Es geht den Laien-Reportern bei einer Nachricht primär darum, andere zu überzeugen, diese Nachricht zu glauben bzw. die Empfänger dahingehend zu manipulieren, es zu glauben. Wie geschieht das?

In den SM gibt es Nachrichtenkanäle, die für sich in Anspruch nehmen, Nachrichten zu verbreiten, welche die offiziellen Medien nicht bringen. Die Studios, aus denen diese gesendet werden, sind meist ähnlich gestaltet wie die der Tagesschau. Sie haben auch ähnliche Titel wie diese, z. B. Nachrichten AUF1.tv. So wird der Eindruck von Seriosität erweckt. Häufig werden dabei Personen, die als Experten für ein bestimmtes Thema bezeichnet werden, vom Moderator per Videokonferenz in ihrer eigenen Wohnung bzw. Büro befragt. So wird der Eindruck erzeugt, die Experten seien nicht abgehoben, sondern volksnah. Diese Experten werden zuerst mit ihrer Qualifikation vorgestellt, z. B. Rechtsanwalt, Biologe, Arzt etc. So werden die SM-Thesen scheinbar wissenschaftlich gestützt, denn wenn jemand eine solche akademische Qualifikation hat, muss er sich mit dem Thema auskennen, zu dem er dann befragt wird. Real allerdings gibt es gute und schlechte Rechtsanwälte, Biologen etc. Eine Ausbildung in einem bestimmten Gebiet oder ein Titel besagt nichts über die wirklichen Fähigkeiten bzw. Kenntnisse einer

10 Wie Nachrichten in den SM konstruiert sind, die ihre Nutzer in eine bestimmte Richtung beeinflussen bzw. manipulieren sollen

Person auf diesem Gebiet. Die Experten erklären komplexe Sachverhalte scheinbar einfach und nachvollziehbar, überdies geht es gegen den bisherigen Mainstream.
So entsteht bei den Zuschauern der Eindruck, bestimmte Sachverhalte nun endlich zu verstehen. Überdies ist man nun derjenige, der über etwas informiert wird, das die offiziellen Medien verschweigen oder unterdrücken (vgl. auch das Kapitel 11 über Verschwörungserzählungen).
Diese Experten beschaffen sich ihre Beweise bzw. Belege zur Stützung ihrer Thesen fast immer durch ihre Suche im Netz. Aus den so gefundenen Sachverhalten werden die für ihre Ansicht „passenden“ herausgesucht. Die Hintergründe dieser Sachverhalte bzw. ihre Zusammenhänge mit anderen werden i. d. R. ignoriert. Auch werden diese Fakten bzw. Thesen dann so miteinander verbunden, dass sich aus dem einen Fakt scheinbar der andere zwingend ergibt, der dann die eigene Position untermauert. Beide Fakten haben aber meist nichts oder kaum etwas miteinander zu tun bzw. die Schlussfolgerung ist willkürlich oder unlogisch. So werden scheinbar bisher unbekannte, neue Sachverhalte aufgezeigt, die die Thesen der sogenannten Experten stützen.

<u>Ein paar Beispiele zur Verdeutlichung</u>:

- Der bekannte Influencer Rezo stellte bei You Tube ein Video ins Netz mit dem Titel: „Die Zerstörung der CDU“. Dort stellt er die These auf, die CDU lüge und zerstöre sich selbst. Das habe er herausgefunden, da er detailliert alle Fakten dazu recherchiert habe. Denn in der Zeit, wo die CDU die Regierung stellte, sind die Reichen immer reicher geworden und die Armen immer ärmer, was er durch Statistiken belegt. Die CDU hätte viele Stellschrauben gehabt, dies zu ändern. Aber nun sei es sogar so, dass die Ärmeren mehr Steuern zahlen müssten. Daraus wird gefolgert, dass die CDU ihren Anspruch, eine Partei für alle Schichten zu sein, nicht erreicht hat. Allerdings sagt er nicht, was er unter diesen Stellschrauben versteht. Es bleibt auch völlig außen vor, was die CDU konkret getan oder unterlassen hat, wodurch die Reichen immer reicher und die Armen immer ärmer wurden. Politiker, vor allem der CDU, nahmen zwar dazu Stellung und bestritten die Vorwürfe, erläuterten aber nicht, auf welchem Wege der Influencer Rezo zu diesen gekommen war.
- Statistiken, die zur Richtigkeit einer These angeführt werden, werden nur zitiert, woher sie stammen, wer diese aufstellte, wie zuverlässig bzw. bewiesen deren Aussagen sind, interessiert nicht, solange sie scheinbar die eigene Position stützen.
- Die Komplexität eines Sachverhalts wird ignoriert bzw. nicht genannt. Werden beispielsweise bei Nachrichten der offiziellen Medien deren Hintergründe mit aufgeführt, erscheinen diese in den SM nicht. Zu den in diesem Jahr wieder vermehrt einsetzenden Flüchtlingsströmen von Migranten wird beispielsweise nur gesagt, die EU sei nicht in der Lage, diese zu begrenzen, ohne zu benennen, wie unterschiedlich die Interessen der einzelnen Länder sind und ein gemeinsames Vorgehen entsprechend schwierig ist.
- Auch wird immer wieder angeführt, die Regierung tue etwas, was nicht akzeptiert werden kann, falsch sei oder gegen die Grundrechte verstoße. Dabei stellt sich die Frage, was unter dem Begriff Regierung zu verstehen ist. Ist das Herr Scholz, sind es die Minister? Können diese einfach etwas anordnen? In der Realität ist das nicht so.

SOCIAL MEDIA & SUCHMASCHINEN ... wie sie uns beeinflussen – Best.-Nr. 13 095

KOHL VERLAG

Wie Nachrichten in den SM konstruiert sind, die ihre Nutzer in eine bestimmte Richtung beeinflussen bzw. manipulieren sollen

Der Bundestag verabschiedet Gesetze per Mehrheitsentscheidung, die vorher von den Abgeordneten in Ausschüssen diskutiert wurden. Betrifft das Gesetz auch die Bundesländer, muss der Bundesrat diesen zustimmen. Die Minister und Ministerinnen sind für die Umsetzung der Gesetze in der Praxis verantwortlich. Die Aufgabe des Bundeskanzlers ist es, unterschiedliche Ansichten der Parteien, die die Regierungskoalition bilden, einem Kompromiss zuzuführen und ggfs. ein Machtwort zu sprechen, kommt es dabei zu Streit. Würde man diese Komplexität, wie Regieren erfolgt, näher erklären und in die Argumentation mit einbeziehen, wären wahrscheinlich viele Follower intellektuell überfordert.

- Aus zwei Tatsachen, die eigentlich nichts miteinander zu tun haben, wird abgeleitet, dass die eigene These richtig ist. In einem SM-Nachrichten-Kanal wird beispielsweise ein Rechtsanwalt interviewt, der an einer Demonstration gegen die vermehrte Aufnahme von Asylanten teilgenommen hat. Er und viele andere hätten dabei das Grundgesetz unter dem Arm getragen. Das wäre eine verbotene politische Betätigung, habe ihm die Polizei gesagt. Daraus folgert er, dass die Bundesrepublik immer weniger ein Rechtsstaat sei, in dem das Grundgesetz gelte. Zuerst einmal ist sehr zweifelhaft, ob die Polizei ihm das wirklich sagte oder es um etwas anderes ging. Zum anderen kann daraus nicht abgeleitet werden, dass die BRD immer weniger ein Rechtsstaat ist, dafür müssten wesentlich detailliertere Beispiele aufgeführt werden.
- Werden Beispiele genannt, die die aufgestellte These angeblich belegen, sind diese aus zwei nicht miteinander korrespondierenden Aussagen konstruiert worden. Es wird z. B. in einer SM-Nachricht behauptet, das Geld, das Asylanten als Grundsicherung erhalten, sei wesentlich höher als das, welches Deutsche bekommen. Dafür wird ein Beispiel genannt. Googelt man die dort angegebenen Zahlen stellt man fest, dass die Grundsicherung eines Asylanten angegeben wurde, der verheiratet ist und vier Kinder hat, der Deutsche hat keine Kinder.
- Bei Life-Mitschnitten, z. B. von Demos, werden nur Passagen gezeigt, die die SM-Thesen bestätigen. Beispielsweise wird bestritten, dass bei Einsätzen von Rettungskräften diese von Schaulustigen behindert werden. Ein ins Netz gestelltes Video belegt das scheinbar, denn es zeigt, dass Zuschauer eine Gasse für Polizisten bilden. Schaut man sich allerdings Videos der Mainstream-Medien an, sieht man, dass Polizisten an etlichen Stellen von Schaulustigen behindert werden.

Auch Einzelpersonen betreiben Nachrichtenkanäle und werden so zu selbsternannten SM-Experten. Ihr Prinzip sind i. d. R. immer wieder gleiche oder ähnliche Thesen in die SM zu stellen. Desto häufiger diese aufgerufen, weitergeleitet bzw. mit dem Daumen nach oben kommentiert werden, desto mehr Follower hat der selbsternannte Experte, desto beliebter und bekannter wird er in SM-Kreisen. So erhält er scheinbar die Bestätigung, die „Wahrheit" bzw. das „Richtige" zu sagen. Es geht also bei den SM weniger um Qualität, sondern Quantität.
Nachdem in den SM in der beschriebenen Art Thesen über Sachverhalte entstanden sind, wird i. d. R. dann auch behauptet, diese Thesen würden natürlich von den offiziellen Medien (= Lügenpresse) nicht genannt bzw. ignoriert. Woraus gefolgert wird, dass die Medien von der Regierung bzw. bestimmten Gruppen daran gehindert werden. Die Mehrzahl der Bevölkerung erkenne das aber nicht, denn sie nutze ja nur die Lügenpresse als Informationsquelle. Die Bill-Gates-Stiftung, so wird beispielsweise behauptet, sponsore den Spiegel mit viel Geld und gebe so vor, worüber dieser berichten darf und in welcher Form. Dass die Gelder der Stiftung nur für ein bestimmtes Thema bereitgestellt werden und dass beim Spiegel die Redakteure mit Mehrheit selbst entscheiden,

10 Wie Nachrichten in den SM konstruiert sind, die ihre Nutzer in eine bestimmte Richtung beeinflussen bzw. manipulieren sollen

worüber und wie berichtet wird, ist nicht angeführt. Der Spiegel hat eine Gegendarstellung verfasst. (vgl. Fragen und Antworten zur Förderung durch die Bill & Melinda Gates Stiftung - DER SPIEGEL).

Weiter wird gefolgert, die Regierung manipuliere das Volk in eine bestimmte Richtung, indem sie andere Meinungen unterdrückt bzw. verbietet, SM-Beiträge bei Facebook werden daher gelöscht. Wie die Algorithmen der Programme bei Facebook etc. funktionieren, warum sie Beiträge löschen, wird verschwiegen bzw. ist nicht bekannt. Häufig wird auch behauptet, bestimmte Gruppen beeinflussen die Regierung, damit sie so ihren Reichtum vermehren können. Beispielsweise wurde in einem Post behautet, Firmen die Corona-Impfstoffe herstellen, hätten den Gesundheitsminister massiv dazu gedrängt, die Zulassung der Impfstoffe so schnell wie möglich zuzulassen, egal, wie erprobt oder gefährlich sie seien, um mit diesen so schnell wie möglich viel Geld zu verdienen. Belege für diese angebliche Beeinflussung werden jedoch nicht genannt.

Die Finanzierung der SM-Kanäle erfolgt durch Spenden der Zuschauer. Das entsprechende Konto wird i. d. R. unten eingeblendet. Durch diese Spenden solle weiterhin die „unabhängige Wahrheit" verbreitet werden. Den Mainstream-Medien wird hingegen vorgehalten, sie würden sich von „Geld-Eliten" durch Spenden finanzieren lassen, die somit Einfluss auf die Berichterstattung nehmen würden. Es bleibt allerdings die Frage, welchen Einfluss die SM-Spender auf die Berichterstattung haben. Würden die SM-Nachrichten nicht mehr die erwarteten Thesen verbreiten, würden wahrscheinlich auch keine Spenden mehr erfolgen. So besteht indirekt der Druck, nur das zu veröffentlichen, was die Spender sehen wollen.

10 Wie Nachrichten in den SM konstruiert sind, die ihre Nutzer in eine bestimmte Richtung beeinflussen bzw. manipulieren sollen

Aufgabe 1: **a)** *Beschreibe, wie professionelle Journalisten vorgehen, ehe sie eine Nachricht veröffentlichen.*

____

____

____

b) *Wie hingegen verfahren „Laien Reportern", ehe sie in den SM ihre Nachrichten einstellen?*

____

____

____

Aufgabe 2: *Der folgende Text verdeutlicht dir noch einmal, wie SM-Gruppen ihre Follower beeinflussen. Setze die Begriffe an die richtigen Stellen im Text.*

behalten – benachteiligt – Dummen – Eingeweihten – Erklärung – Geld – manipulieren – Missstände – Politiker – Selbstwert – Sinn – unterdrücken – verschwiegen – Verschwörung – wahre

SM-Gruppen stellen häufig die Behauptung auf, sie seien gegenüber anderen Gruppen der Bevölkerung ______________. Als ______________ wird aufgeführt, dass ______________ sich nur für einflussreiche, sie unterstützende Gruppen interessieren würden. Daher würden sie Nachrichten ______________, in denen die Gründe der Benachteiligung genannt werden. Nur in den SM werden diese genannt. Die Politiker tun das, weil sie unfähig sind und keine Ahnung von ihrem Job haben, vor allem aber wollen sie ihren Job ______________ und das damit verbundene ______________. Also beeinflussen sie die Medien, nur Meldungen zu bringen, die sie in einem guten Licht erscheinen lassen, ______________ Meldungen, die eigentlich zeigen, warum ich benachteiligt bin, werden unterdrückt. So ______________ sie die Bevölkerung. Nur in den SM werden die „wahren" Meldungen und Gründe für ______________ genannt. Da ich das nun weiß, gehöre ich zu einer Gruppe der ______________, bin etwas Besonderes, tue sogar noch etwas Gutes für die Menschheit, wenn ich diese über die ______________ der Politiker aufkläre. Ich fühle mich einer Gruppe zugehörig, die mich versteht, mich bekräftigt und mich nicht für blöd hält. Mein ______________ steigt, da ich endlich die „Wahrheit" erkannt habe und die Gründe, dass diese der Öffentlichkeit gegenüber ______________ wird. So fühle ich mich klug, besser als die ______________, die diese nicht sehen. Außerdem hat man eine schöne Beschäftigung gefunden oder einen ______________ in seinem Dasein, in dem man immer wieder neue „wahre" Fakten sammelt bzw. geschickt bekommt.

KOHL VERLAG SOCIAL MEDIA & SUCHMASCHINEN ... wie sie uns beeinflussen – Best.-Nr. 13 095

10 Wie Nachrichten in den SM konstruiert sind, die ihre Nutzer in eine bestimmte Richtung beeinflussen bzw. manipulieren sollen

Aufgabe 3: *Die sogenannten „Nachrichtenkanäle“ in den SM unterscheiden sich von denen der ARD vor allem dadurch, wie Experten zu Themen befragt werden. Erläutere, wie in den SM eine Expertenbefragung erfolgt und warum so verfahren wird.*

____

____

____

____

Aufgabe 4: *In den folgenden Aussagen findest du Schlussfolgerungen, die unbegründet sind bzw. nichts miteinander zu tun haben. Erläutere, warum das der Fall ist.*

1. Das neue Heizungsgesetz zeigt mal wieder, wie wenig die Ampel Koalition in der Lage ist, auf die Belange der Bürgerinnen und Bürger einzugehen. Auch die Führungsschwäche des Kanzlers wurde dabei wieder deutlich.
2. Asylsuchende bekommen in Deutschland viel Geld als Grundsicherung. Dieses Geld fehlt dann Deutschen, die auf eine Grundsicherung angewiesen sind.
3. Werden Rettungskräfte bei ihrer Arbeit von Schaulustigen behindert, sind das vor allem jugendliche Asylanten, das zeigen Videos von solchen Situationen.
4. Schulleiterstellen können nicht besetzt werden, da die Gewerkschaft Verdi für diese höhere Gehälter fordert und mit Streiks droht.
5. Durch Pensionierungen freigewordene Lehrerstellen können immer häufiger nicht besetzt werden, denn die Bundesregierung hat es versäumt, ausreichend Studienplätze für Lehramtsstudenten bereit zu stellen.
6. Durch vermehrten Einsatz von Online-Unterricht kann das Lernverhalten der Schüler und Schülerinnen wesentlich verbessert werden.

____

____

____

____

____

____

____

____

Wie Nachrichten in den SM konstruiert sind, die ihre Nutzer in eine bestimmte Richtung beeinflussen bzw. manipulieren sollen

Aufgabe 5: *Folgende Meldung aus einer SM-Gruppe beschreibt das Handeln der Regierung beim 49 Euro Ticket. Welche Aussagen dabei sind falsch und warum?*

Das 49 Euro Ticket wurde seinerzeit von der Regierung in Kraft gesetzt, um einkommensschwache Bürger/innen zu unterstützen. Nun soll es nur noch bis Mai 2024 gelten. Die Bundesländer, die für die Kosten der Öffis aufkommen müssen, werden dann von der Ampel-Koalition gezwungen, ihren Bürgern trotz hoher Inflationsrate weitere Kosten aufzuhalsen. Der Vorschlag, ein 49 Euro Ticket zu schaffen, kam seinerzeit nicht von Verkehrsminister Wissing, sondern von Klimaexperten. Würde es wieder abgeschafft, werden die CO_2 Werte weiter ansteigen, sodass das Ziel der Regierung, bald klimaneutral zu sein, nicht erreicht werden kann.

Aufgabe 6: *Wodurch wird man in SM-Gruppen zu einem anerkannten „Experten"?*

Aufgabe 7: *Erkläre, was in den SM unter Lügenpresse verstanden wird.*

Aufgabe 8: *Die Finanzierung der SM-Kanäle erfolgt durch Spenden der Zuschauer, so seien Nachrichten in diesen unabhängig vom Einfluss der Wirtschaft bzw. Politik. Bist du auch dieser Meinung?*

10 Wie Nachrichten in den SM konstruiert sind, die ihre Nutzer in eine bestimmte Richtung beeinflussen bzw. manipulieren sollen

Aufgabe 9: *Die beiden aufgeführten SM-Meldungen berichten über den gleichen Sachverhalt. Vergleiche sie miteinander. Bei welcher hast du das Gefühl, es geht darum, den Leser/in emotional in eine bestimmte Richtung zu beeinflussen bzw. zu manipulieren? Begründe deine Meinung stichwortartig.*

Meldung A:
Der Kanzler sieht kein Land mehr. Er muss als Kapitän sein Land durch schwerste Unwetter steuern: der Gasmangel, immer höhere Preise, egal ob an der Supermarktkasse oder an der Tankstelle, immer mehr Asylanten. Aber Olaf Scholz und seine Offiziere Robert Habeck und Christian Lindner können sich nicht auf einen Kurs einigen. Die Schlingerfahrt lässt die Passagiere das Vertrauen verlieren, vgl. die aktuellen Umfragen. Scholz wurde auch kürzlich vor dem Untersuchungsausschuss in Hamburg befragt, der versucht zu klären, ob er als Bürgermeister der Hansestadt der Warburg-Bank in Steuersachen geholfen hat. Das noble Geldhaus hatte mit miesen Tricks (Cum-ex-Geschäfte) seine Steuerlast kleingeschrumpft, dennoch wollte das Finanzamt der Bank die Rückzahlung von 47 Millionen Euro erlassen. Scholz bestreitet jegliche Einflussnahme, kann (oder will) sich aber an viele Details wie z. B. seine Treffen mit dem Warburg-Chef nicht erinnern. Doch diese Schatten aus seiner Vergangenheit sind nichts im Vergleich mit den Klippen, die Scholz in den nächsten Monaten umsegeln muss, z. B. eine Rezession verhindern.

Meldung B:
Olaf Scholz verliert an Zustimmung in der Bevölkerung. Gegenüber der letzten Befragung sind es – 3,5 %. Ausschlaggebend ist sein zögerlicher Kurs, wie die Bürgerinnen und Bürger entlastet werden sollten und das bei einer durchschnittlichen Inflationsrate von 2,5% im letzten Monat. Auch das neue Heizungsgesetz lassen die Zustimmungswerte für die Regierung sinken. Nur die Grünen legen in den Umfragen leicht zu, was vor allem durch Robert Habecks direkte Art, mit den Bürger/innen zu kommunizieren und auch Fehler einzugestehen, bedingt ist. Die Befragung von Olaf Scholz vor dem Untersuchungsausschuss in Hamburg zur Cum-Ex Affäre um die Warburg Bank erbrachte keine Beweise, dass er als damaliger Bürgermeister der Hansestadt darin verwickelt war. Auf den Kanzler kommen in den nächsten Monaten etliche neue Probleme zu, z. B. wie die Wirtschaft gestützt werden sollte, um eine Rezession zu verhindern. Der Kanzler muss also Führungsstärke zeigen.

KOHL VERLAG SOCIAL MEDIA & SUCHMASCHINEN ... wie sie uns beeinflussen – Best.-Nr. 13 095

11 Verschwörungstheorien im Netz

Eine Verschwörungserzählung ist die Annahme, dass bestimmte Gruppen, z. B. sogenannte Geld-Eliten, die Regierung im Griff haben und dieser vorgeben, was sie gegenüber der Bevölkerung tun soll. Dabei wird nicht gesagt, wie eine solche Beeinflussung in der Praxis bewerkstelligt wird und abläuft. Als Motiv dieser Eliten wird i. d. R. unterstellt, sie wollten so noch mehr Geld anhäufen, wobei sich allerdings die Frage stellt: Warum sollte jemand das tun, der schon Millionen auf dem Konto hat? Warum will er sich die nächste Million unbedingt auf diese Weise aneignen?

Eine weitere Annahme ist, dass Forschungsergebnisse von Wissenschaftlern auf bestimmten Gebieten nicht gesichert oder falsch seien. Die Wissenschaftler seien nämlich von den Verschwörern unter Druck gesetzt worden oder hätten Geldzuwendungen bekommen, solche Ergebnisse zu veröffentlichen.

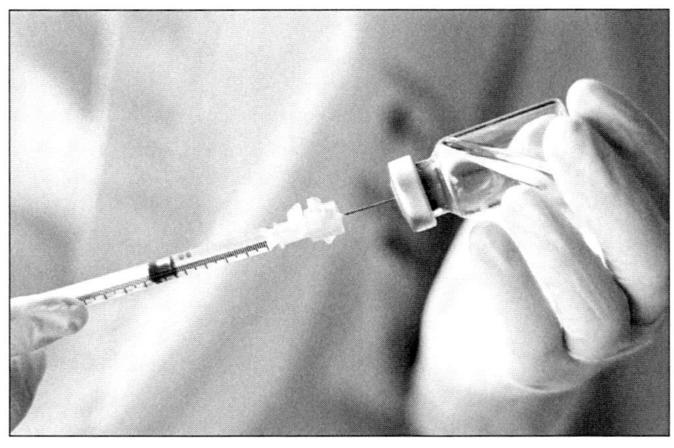

Verschwörungstheoretiker suchen sich nur die Informationen heraus, die sie in ihrem Glauben bestärken und ignorieren Informationen, die der eigenen Einschätzung widersprechen. Beispielsweise werden Aussagen Prominenter aus dem zeitlichen Kontext gerissen und zu angeblichen Kommentaren aktueller Geschehnisse umgedeutet oder bei längeren Zitaten wird durch Weglassen von Sätzen die Bedeutung verfälscht. Bill Gates beispielweise hat in einem Interview einmal gesagt, die Bevölkerungszahl der Menschen auf der Erde müsse reduziert werden. Daraus wird geschlussfolgert, dass er daran interessiert sei, Corona-Impfstoffe zuzulassen, die nicht erprobt sind und so zu Todesfällen führen können. Die Bill & Melinda-Gates-Stiftung habe angeblich Aktien von Firmen, die diese Impfstoffe herstellen. Gates hat diese Äußerung in dem Zusammenhang gesagt, dass man über Geburtenregelungen, z. B. die kostenlose Vergabe der Anti-Baby-Pille, vor allem in der Dritten Welt, die Erdbevölkerung reduzieren solle, damit so der Ressourcen-Verbrauch der Menschen zurückgeht und das Klima nicht weiter geschädigt wird.

Personen, die angeblich im Hintergrund agieren, werden so für die Probleme der Welt verantwortlich gemacht.

Warum sind Menschen anfällig für Verschwörungstheorien bzw. glauben an diese? Anfällig hierfür sind vor allem Menschen, die sich benachteiligt, von anderen nicht ausreichend wahrgenommen oder sich ihnen unterlegen fühlen. Scheinbar geht es vielen besser als einem selbst, vor allem in materieller Hinsicht. Auch hat man das Gefühl, man versteht komplexe Sachverhalte nicht, z. B. warum es durch die globale Vernetzung der Wirtschaft zu Krisen bei der Versorgung mit Rohstoffen kommen kann, wie Entscheidungen in der EU getroffen werden etc., kann und mag das aber nicht zugeben. So fehlt die Selbstakzeptanz der eigenen Person.

In den SM werde ich bestätigt, dass es vielen anderen auch so geht wie mir, auch sie fühlen sich benachteiligt. Aber ich bekomme eine scheinbare und vor allem für mich verständliche Erklärung, warum das so ist: Es gibt eine Gruppe von Verschwörern, die die Bevölkerung manipuliert, indem sie Nachrichten unterdrücken lässt, die erklären, warum ich benachteiligt werde. Da ich das nun weiß, gehöre ich zu einer Gruppe der

Verschwörungstheorien im Netz

„Eingeweihten", bin etwas Besonderes, tue sogar noch etwas Gutes für die Menschheit, wenn ich diese über die „Verschwörung" aufkläre.

Verschwörungen vereinfachen die Welt, man braucht Infos nicht zu hinterfragen oder einzuschätzen, das Gehirn wird „entlastet".

Verschwörungstheorien dienen auch dazu, eine Entschuldigung zu haben, warum man selbst keinen Einfluss auf politische Entscheidungen nehmen kann, denn verborgene Kräfte kontrollieren ja alles. So wird die eigene politische Inaktivität gerechtfertigt.

Auch wird der Regierung bzw. staatlichen Organen unterstellt, sie würden Angst vor den SM-Thesen haben und diese daher unterdrücken bzw. verbieten. Häufig werden dabei Fakten, die nichts oder nur sehr wenig miteinander zu tun haben, so miteinander verbunden, dass sich scheinbar diese Behauptung daraus ergibt. Ein Beispiel: Ein Gericht hat eine Demo der sogenannten Querdenker-Bewegung verboten, mit der Begründung, man befürchte, wie schon bei anderen Demonstrationen dieser Gruppe, es käme wieder zu Ausschreitungen. Daraus wird gefolgert, die Regierung habe Angst vor dem, was die Querdenker auf dieser Demo verkünden werden.

Hier sei auch nochmal auf die Ausführungen in Kapitel 2 verwiesen. Dort wurde gezeigt, dass Menschen, die ständig im Netz sind, die Kapazität fehle, komplexere Sachverhalte zu verstehen bzw. zu begreifen und selbst auf neue Lösungen zu kommen. So werden sie für Verschwörungstheorien anfällig.

Aufgabe 1: *Wie werden Verschwörungstheorien, von denjenigen, die an sie glauben, begründet?*

____

____

____

____

Aufgabe 2: *Wie werden Informationen, die eine Verschwörung scheinbar belegen, von Verschwörungstheoretiker erstellt?*

____

____

____

____

____

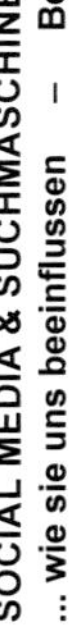

11 Verschwörungstheorien im Netz

Aufgabe 3: *Welche der folgenden Aussagen sind richtig, welche falsch? Korrigiere dann die falschen Aussagen.*

	richtig	falsch
1. Menschen, die an Verschwörungen glauben, fühlen sich benachteiligt und anderen unterlegen.		
2. Verschwörungsgläubige verstehen komplexe Sachverhalte nicht, was sie aber nur in den SM-Gruppen zugeben.		
3. In den SM-Gruppen von Verschwörungsgläubigen bekommt man eine Erklärung, warum man gegenüber anderen benachteiligt ist.		
4. Verschwörungsgläubige haben das Gefühl, etwas Gutes für die Menschheit zu tun, wenn sie diese über eine Verschwörung aufklären.		
5. Glaubt man an Verschwörungen, werden alle Infos, die einer solchen widersprechen, hinterfragt und dann zu der Verschwörung umgedeutet.		
6. Glaubt man an Verschwörungen, wird man bald auch politisch aktiv, z. B. klärt dann die Mitbürger an seinem Wohnort über Verschwörungen auf.		
7. Eine Funktion von Verschwörungserzählungen ist auch, dass man sich damit aus der Masse der Menschen heraushebt, die eine solche nicht erkennen.		

Aufgabe 4: *Warum fühlen sich diejenigen, die an Verschwörungen glauben, anderen überlegen?*

____

____

____

____

KOHL VERLAG SOCIAL MEDIA & SUCHMASCHINEN ... wie sie uns beeinflussen – Best.-Nr. 13 095

Verschwörungstheorien im Netz

Aufgabe 5: *Setze im folgenden Text die Begriffe an die richtigen Stellen.*

Geld – Gründen – Ideen – kompliziert – Kompromissfähigkeit – Meldungen – Praxis – Probleme – Realität – selber – Umfragen – Überzeugung – unfähige – unterdrückt – Verantwortung

Werden Personen im Hintergrund für die Probleme der Welt verantwortlich gemacht, gibt es noch die Variante, das seien bestimmte ____________________ Politiker. Da diese aber ihren Job behalten wollten und das damit verbundene ____________________, beeinflussen sie die Medien, nur ____________________ zu bringen, die sie in einem guten Licht erscheinen lassen. „Wahre" Meldungen, die zeigen, wie unfähig diese Politiker sind, werden ____________________. Die Frage ist allerdings, aus welchen ____________________ jemand Politiker geworden ist? Nur weil er Geld und Macht haben will? ____________________ belegen, dass in der Realität die meisten Politiker eine innere ____________________ haben, durch ihr Handeln ____________________ der Gesellschaft lösen zu wollen. Auch vertreten sie die ____________________ der Partei, der sie angehören, und versuchen, diese in die ____________________ umzusetzen. Voraussetzung hierfür ist rhetorisches Geschick, Disziplin, Selbstbeherrschung und ____________________. Warum engagieren sich die SM-User nicht ____________________ in der Politik, wenn man da doch so viel Geld und Macht hat? Ganz einfach, man selbst hat keine Ahnung, wie Politik in der ____________________ funktioniert, wie ____________________ die Welt ist und z. B. der Bundestag oder die EU funktioniert. Außerdem will man keine ____________________ übernehmen, sondern nur meckern. Überdies würde man dann auch zu der Gruppe gehören, die an allem schuld ist.

KOHL VERLAG SOCIAL MEDIA & SUCHMASCHINEN ... wie sie uns beeinflussen – Best.-Nr. 13 095

12 Die emotionale Wirkung von SM-Nachrichten auf ihre Nutzer

Durch die beschriebene Art, Nachrichten zu verbreiten, entstehen SM-Gruppen im Netz, deren Follower ein Zusammengehörigkeitsgefühl auszeichnet. Man fühlt sich wichtig und bedeutsam, denn man gehört einer Gruppe an, die scheinbar etwas weiß, was viele andere nicht wissen. Auch braucht man kein Hintergrundwissen, um das dort Aufgeführte verstehen zu können. Hinzu kommt, dass nun auch andere meine Ansichten zu bestimmten Sachverhalten teilen. Diese werden somit als richtig eingestuft, ich bekomme Anerkennung, mein Selbstwertgefühl steigt. Das ist noch mehr der Fall, wenn ich nicht nur Beiträge anderer weiterleite oder mit dem Daumen hoch Symbole befürworte, sondern selbst etwas poste, was bei der Gruppe ankommt. Möglicherweise werde ich schließlich zu einem „Star" der Szene, mein Selbstwertgefühl steigt noch mehr an. Schaue dir zur Erklärung dieses Verhaltens ggfs. noch mal das Kapitel 5 an, in dem erläutert wird, dass die Fähigkeit zur Analyse komplexer Fragen bei ständiger Handy-Nutzung zurückgeht.
Auch die Wortwahl der SM-Nutzer führt dazu, dass Emotionen beim Leser entstehen, die die SM-Thesen gefühlsmäßig bestärken. Beispiele: Die Regierung fährt den jahrzehntelangen Aufbau Deutschlands gegen die Wand. Es regiert eine Politikerklasse, die das eigene Volk schon lange nicht mehr wahrnimmt und sich nur um die eigenen Posten kümmert. Es ist ein Unfall, dass Annalena Baerbock Außenministerin geworden ist, denn sie hätte unter normalen Bedingungen im Auswärtigen Amt noch nicht mal ein Praktikum gekriegt. Die Irrenanstalt (= der Staat) wurde von den Insassen (= die Regierung) übernommen.
Liest man die Posts von Politikern in den SM, z. B. die von Trump, als er noch Präsident war, entsteht ein Gefühl, an deren Überlegungen, Ansichten und Entscheidungen beteiligt zu werden, ihnen beim Regieren quasi „über die Schulter schauen zu dürfen", und so wichtig zu sein.
Man kann in den SM auch beliebig meckern, wie unqualifiziert auch immer, solange es dem Mainstream dort entspricht. So kann man Wut, Ärger und Frust loswerden, ohne Sanktionen befürchten zu müssen. Man muss sich so auch nicht fragen, welche Ursachen für diese Gefühlslagen verantwortlich sein könnten und welchen Anteil daran das eigene Verhalten hat. Werde ich in meinem Meckern von anderen der Gruppe bestätigt, fühle ich mich angenommen und unterstützt.
In den SM wird auch i. d. R. nicht aufgezeigt, wie ein Sachverhalt, der als negativ oder verbesserungswürdig beschrieben wird, verändert werden kann, welche Wege dazu von der Regierung bzw. den Abgeordneten beschritten werden müssten. So braucht man in die Materie nicht weiter einzusteigen, muss sich mit dieser nicht näher beschäftigen bzw. sie differenziert betrachten, was Zeit und Anstrengung erfordern würde. Man wird so auch dem Anspruch enthoben, selbst etwas zu verändern, z. B. sich als Abgeordneter aufstellen zu lassen, denn dann müsste man ja konkret sagen, was man anders machen will, um gewählt zu werden. Ein solches Engagement würde sehr viel Aufwand erfordern, man würde dann auch praxisnah erleben, dass die Durchsetzung von Interessen im politischen Alltag alles andere als einfach ist. Und man würde sich der Gefahr aussetzen, kritisiert zu werden oder zu scheitern bzw. nicht gewählt zu werden. Meckern ist da viel einfacher.
Vor allem Jugendliche, so zeigen es Untersuchungen, informieren sich immer häufiger nur noch durch SM-Gruppen über das Weltgeschehen, die Öffentlich-Rechtlichen Rundfunkanstalten bzw. Zeitungen werden von ihnen zur Informationsbeschaffung nur noch selten genutzt. Blogger in den SM werden so zu Informanten der Jugendlichen über das Weltgeschehen. Sie bedienen sich dabei auch einer Sprache, die vor allem Jugendliche sprechen, so entsteht ein Wir-Gefühl.
Je mehr jemand sein Leben aber beispielsweise über Facebook führt, desto mehr um-

12 Die emotionale Wirkung von SM-Nachrichten auf ihre Nutzer

gibt er sich mit Meinungen, Einstellungen, Informationen, die seine bestätigen, desto weniger nimmt er andere noch wahr. Auch scheint zu gelten, je häufiger eine Aussage zitiert wird, desto glaubwürdiger ist sie, sodass eine inhaltliche Wahrheitsprüfung scheinbar nicht mehr nötig ist.
Es besteht auch die Gefahr, dass man süchtig nach den SM-Nachrichten wird, wie ein Alki nach Schnaps, und so den Großteil seiner Zeit im Netz verbringt, vgl. hierzu auch die Ausführungen im Kapitel 4. Durch den „Gefällt Button" wird man Mitglied einer großen Jury, die zu allem ihr Gefallen oder Missfallen ausdrückt, wobei man seine Bewertung nicht erklären oder rechtfertigen muss. So entsteht ein Überlegenheitsgefühl – ein Grund, warum Facebook so erfolgreich wurde.

Aufgabe 1: **a)** *Warum entsteht bei den Followern einer SM-Gruppe ein Zusammengehörigkeitsgefühl?*

____

____

____

b) *Warum steigt das eigene Selbstwertgefühl, wenn man sich in einer SM-Gruppe aktiv einbringt?*

____

____

____

12 Die emotionale Wirkung von SM-Nachrichten auf ihre Nutzer

Aufgabe 2: *Lies dir den Text genau durch. An welchen Stellen werden Thesen aufgestellt, die*
a) *nicht begründet werden?*
b) *nicht wertfrei geschildert werden?*
Notiere deine Überlegungen stichwortartig.

Im neuen Schuljahr 2023/24 wird die größte Herausforderung der Lehrermangel sein. Die Länder, in denen das Schuljahr bereits gestartet ist, melden viele noch unbesetzte Stellen an den Schulen. Lehrerinnen und Lehrer fehlen an den weiterführenden Schulen besonders häufig in den MINT-Fächern (Mathematik, Informatik, Naturwissenschaften und Technik).

Seit Jahren erhöhen die Länder die Kapazitäten an den Universitäten und dennoch kommen nicht genügend ausgebildete Lehrkräfte in den Schulen an. Viele Lehramtsstudierende brechen ihre Ausbildung auch frustriert ab und wechseln zu einem ihnen attraktiver erscheinenden Studienfach.

Die meisten Lehrkräfte lieben ihren Beruf, so zeigen es Umfragen von Meinungsforschungsinstituten, arbeiten aber unter sehr hohen Belastungen. Die Folge sind Langzeit-erkrankungen und Frühpensionierungen. Solche Belastungen frustrieren und schockieren junge Menschen und verhindern, dass sie den Lehrerberuf ins Auge fassen, wenn sie vor der sowieso erstmal schwierigen Entscheidung stehen, welche Berufsausbildung sie wählen sollten. Um ausgebildete Lehrkräfte an den Schulen zu halten, müssen die Arbeitsbedingungen der Lehrkräfte verbessert und somit attraktiver werden, z. B. Senkung der Arbeitszeit, kleinere Klassen, mehr Ausgleichsstunden, Unterstützungssysteme für Lehrkräfte wie Team-Coaching und Supervision.

Nur wenn zusätzlich an Schulen Verwaltungskräfte und IT-Fachleute eingestellt werden, wird der Lehrerberuf wieder erträglich. Sie sollen nichtpädagogische Arbeiten übernehmen und unter anderem eine digitale Infrastruktur aufbauen und deren Wartung übernehmen sowie Werkstätten oder Lehrküchen betreuen. Lehrkräfte werden damit von fachfremden Aufgaben entlastet. So wird mehr Zeit für die pädagogische und soziale Arbeit mit den Schüler*innen gewonnen.

Nur wenn die Bezahlung von Lehrkräften angehoben wird, wird die Attraktivität für dieses Berufsbild steigen. Dazu gehört auch, alle voll ausgebildeten Lehrkräfte nach A 13 zu bezahlen, egal ob sie an Grundschulen oder Gymnasien arbeiten. Auch sollte die Anerkennung im Ausland erworbener Abschlüsse von Lehrkräften erleichtert werden. Die Bundesländer und Hochschulen müssen sich auch auf eine gemeinsame Kraftanstrengung verständigen, um berufsbegleitend Quer- und Seiteneinsteiger*innen zu qualifizieren.

Sollte das nicht gelingen, wird der Lehrerberuf immer mehr so empfunden, als befinde er sich auf einem absteigenden Ast.

Selbst wenn alle diese Maßnahmen sofort angegangen werden, reicht das kurzfristig nicht, um das Unterrichtsangebot und die unmittelbar nötigen pädagogischen Verbesserungen abzusichern.

Die emotionale Wirkung von SM-Nachrichten auf ihre Nutzer

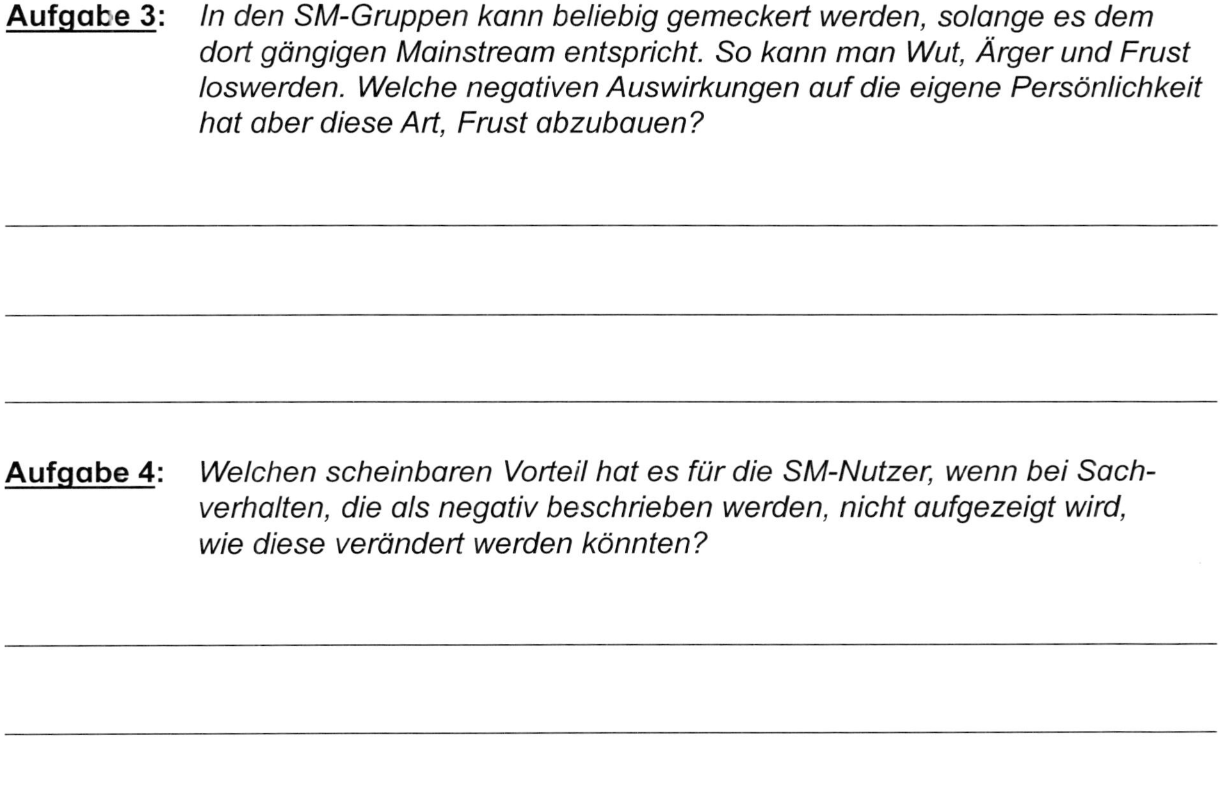

Aufgabe 3: *In den SM-Gruppen kann beliebig gemeckert werden, solange es dem dort gängigen Mainstream entspricht. So kann man Wut, Ärger und Frust loswerden. Welche negativen Auswirkungen auf die eigene Persönlichkeit hat aber diese Art, Frust abzubauen?*

____

____

____

Aufgabe 4: *Welchen scheinbaren Vorteil hat es für die SM-Nutzer, wenn bei Sachverhalten, die als negativ beschrieben werden, nicht aufgezeigt wird, wie diese verändert werden könnten?*

____

____

____

Aufgabe 5: *Der folgende Text erläutert, wie Follower in SM Gruppen Anerkennung bekommen. Bringe die richtigen Satzanfänge und Satzenden zusammen und diese dann in eine logische Reihenfolge.*

Man muss so auch keine kritische Selbstreflexion betreiben,	die Follower sagen mir, wie gut ich angeblich bei anderen ankomme.
In einer SM-Gruppe kann man sehr schnell Anerkennung und Bestätigung bekommen,	wie viele Follower ihm folgen.
Zeit und Anstrengung würde es hingegen erfordern,	wirklich in das Thema einzusteigen und sich deren Hintergründe anzueignen.
Trotzdem kann man aber immer wieder zu dem Thema etwas sagen,	wobei seine Anerkennung in dieser dabei messbar erscheint.
So braucht man in die Materie nicht weiter einzusteigen,	muss sich mit dieser nicht näher beschäftigen.
Über die SM entsteht für den User eine neue virtuelle Realität,	man ist für dieses nun scheinbar ein Experte.
Sie wird nämlich messbar dadurch,	wenn man selbst etwas postet.

SOCIAL MEDIA & SUCHMASCHINEN ... wie sie uns beeinflussen – Best.-Nr. 13 095

13 Typisches Diskussionsverhalten von SM-Nutzern

Durch die beschriebene emotionale Wirkung von SM auf ihre Nutzer verändert sich auch deren Verhalten, wenn man mit ihnen Face to Face diskutiert und dabei ihre Thesen mit Argumenten infrage zu stellen versucht. Dann wiederholt die SM-Person meist ihren Standpunkt durch immer wieder ähnliche Argumente bzw. Behauptungen, ohne auf die Gegenargumente einzugehen. Auch werden zur Richtigkeit der SM-Position häufig Beispiele aus der Praxis angeführt, die einem Bekannte berichteten. So werden die SM-Thesen scheinbar durch die Realität bestätigt.

SM-Nutzer lassen den anderen meist auch kaum zu Wort kommen, hämmern mit ihren Statements auf ihn ein, so wie sie selbst ja auch ständig mit den gleichen Nachrichten versorgt werden, in der Hoffnung, ständiges Wiederholen beeinflusst ihren Diskussionspartner in ihrem Sinne. Das Eingehen auf Gegenargumente und deren mögliche Entkräftung wird so verlernt. Schließlich wird die Diskussion abgebrochen mit der Begründung, der andere verstehe einen nicht.

Ein paar Beispiele zur Verdeutlichung:

Ein SM-Follower, ein Gegner der Friday for Future Bewegung, behauptet in einer Diskussion, diese Bewegung hätte keine Unterstützung in der Bevölkerung, was Statistiken eindeutig belegen würden. Als er gebeten wird, diese Statistiken doch einmal zu benennen, meint er, das könne er im Einzelnen nicht, dafür gebe es zu viele davon.

In einer Diskussion, bei der es um Straftaten von Asylanten geht, sagt ein SM-Teilnehmer, er kenne Polizisten, die ihm sagten, es seien vor allem junge, ausländische Männer, die diese Straftaten begehen. So glaubt er, seine These, die Kriminalität in Deutschland steige durch die Zuwanderung von Asylanten immer mehr an, untermauert zu haben. Allerdings kann jeder behaupten, Bekannte zu kennen, die die eigene Position vertreten. Selbst wenn die Bekannten diese Ansichten äußerten, heißt das noch lange nicht, dass diese weit verbreitet sind, es könnte sich um eine Minderheitenmeinung handeln. Nur eine Meinungsumfrage von einem Meinungsforschungsinstitut könnte hier zeigen, wieviel Prozent der Bevölkerung welche Ansichten vertreten.

Aufgabe 1: **a)** *Beschreibe stichwortartig, wie sich SM-Nutzer meist in einer persönlichen Diskussion verhalten.*

____

____

b) *Nenne Gründe, warum sie sich so verhalten.*

____

____

Aufgabe 2: *Überlege einmal, wie man SM-Nutzer dazu bringen könnte, sich auch mit Gegenmeinungen zu beschäftigen. Notiere dann deine Überlegungen stichwortartig in dein Heft.*

SOCIAL MEDIA & SUCHMASCHINEN ... wie sie uns beeinflussen – Best.-Nr. 13 095
KOHL VERLAG

14 Wie die eigene Kritikfähigkeit gestärkt werden kann gegenüber SM-Nachrichten

Neben den aufgeführten negativen Seiten bzw. Gefahren bei SM-Nutzung, gibt es natürlich auch viele positive. Du kannst dir sehr schnell durch das Netz Infos zu jedem Thema beschaffen, das dich interessiert bzw. beschäftigt, diese sind auch sehr vielfältig (sofern du dir nicht nur die erste Seite durchsiehst ...) Du erhältst auch Informationen und Meinungen, die die gängigen Medien nicht verbreiten, denn jeder kann ja Inhalte ins Netz stellen. Auch kannst du jederzeit mit anderen in Kontakt treten und Infos austauschen, egal, wo auch immer sich diese gerade aufhalten.

Überlege einmal, wie die Informationsbeschaffung über ein dich interessierendes Thema ablief, als es noch kein Internet gab. Du musstest dir da z. B. Zeitschriften oder Bücher über dieses Thema kaufen oder diese in einer Bibliothek ausleihen bzw. hoffen, dass sich in deinem Bekanntenkreis jemand findet, der sich mit diesem Thema auskennt und bereit ist, dich zu informieren. Welch mühsames Geschäft ...

Um aber nicht den beschriebenen Negativseiten von SM-Nachrichten zu unterliegen, hier ein paar Tipps, diese zu vermeiden:

Bei Nachrichten aus Wirtschaft, Politik und dem Weltgeschehen schaue dir zuerst die offiziellen Nachrichten an, dann erst die Posts in SM-Beiträgen dazu. Vergleiche beide dann miteinander auf ihren Wahrheitsgehalt, wie im Kapitel 2 beschrieben. Durch diesen Vergleich von Nachrichten, die von professionellen Journalisten recherchiert wurden mit denen von „Laien-Reportern", trainierst du dich darauf, von vornherein so etwas wie ein Gespür dafür zu bekommen, welche Nachrichten wahr sein könnten und welche nicht.

Nimm dir bewusst Auszeiten vom Handy-Gebrauch, indem du es zu bestimmten Zeiten am Tag für mindestens eine halbe Stunde oder besser noch länger ausschaltest. Konzentriere dich während dieser Zeit auf dich selbst, überdenke beispielsweise im Netz gesehene Infos. Überlege, was an diesen möglicherweise nicht stimmen könnte bzw. ob diese dich in eine bestimmte Richtung zu manipulieren versuchen und welche Emotionen sie bei dir auslösten. So schulst du deine eigene Kritikfähigkeit und wirst immun dagegen, alles zu glauben, was im Netz steht. Auch beugst du so vor, handysüchtig zu werden. Schalte dein Handy vor allem auch aus, wenn du Schularbeiten machst, um dich nicht durch das Schauen auf SM-Nachrichten ablenken zu lassen.

Um zu erfahren, wie in einer SM-Gruppen mit abweichenden Meinungen umgegangen wird, ob diese akzeptiert werden, poste einfach mal ein Gegenargument zu einer aufgestellten These. Oder tue so, als wenn du ein Argument nicht verstehen würdest und bitte um eine Erklärung. So erfährst du, ob diese SM-Gruppe in der Lage ist, sich auch mit gegenteiligen Meinungen auseinanderzusetzen oder immer nur die gleichen Thesen wiederholt. Mache dir dabei aber auch klar, dass ggfs. ein Shitstorm über dich hereinbrechen könnte.

Wenn bei einer Nachricht vorher Cookies zu akzeptieren sind, disziplinierе dich, diese nicht durch einen Klick automatisch zu akzeptieren, sondern lehne sie ab bzw. akzeptiere nur die unumgänglichen. So begrenzt du, immer „durchsichtiger" in deinem Profil zu werden (vgl. hierzu auch Kapitel 8).

Versuche so häufig wie möglich, mit Bekannten bzw. Freunden über SM-Nachrichten Face to Face zu diskutieren. Achte dabei auf dein eigenes Diskussionsverhalten. Gehst du auf die Beiträge der anderen ein oder wiederholst du nur deinen eigenen Standpunkt? Nimmst du dir Zeit, einzelne Beiträge nochmal zu überdenken, ob sie richtig sein könnten und du somit deine eigenen Ansichten ändern solltest? Mache andere auch darauf aufmerksam, wenn sie immer wieder den gleichen Sachverhalt wiederholen, aber vorsichtig und nicht verletzend. So trainierst du dich darauf, eigene Überzeugungen immer wieder zu hinterfragen und begibst dich nicht in die Gefahr, durch ständige Wiederholungen gleicher Thesen, diese schließlich zu glauben.

15 Zusammenfassende Aufgaben

Aufgabe 1: *Vervollständige die folgenden Aussagen mit eigenen Worten in deinem Heft.*

1. Wenn man beständig mit dem Smartphone etwas googelt, zieht unser Gehirn daraus den Schluss, weniger ...
2. Das Gedächtnis des Menschen besteht aus einem Netzwerk von Milliarden von Nervenzellen, die ...
3. Dem Gehirn fehlen Kapazitäten, die es für das Begreifen komplexerer Sachverhalte benötigt, da diese damit beschäftigt sind, ...
4. Bei beständiger Handy-Nutzung kommt es zu Konzentrationsverminderung, Aufmerksamkeitsdefiziten, ...
5. Bei ständiger Nutzung des Handys kann es zu vermehrter Vergesslichkeit kommen, auch bezeichnet als ...

Aufgabe 2: *Ist es sinnvoll, bei Hausaufgaben das Handy zu nutzen?*

____

____

Aufgabe 3: *Welche der folgenden Aussagen sind richtig, welche falsch? Korrigiere dann die falschen Aussagen.*

	richtig	falsch
1. Suchmaschinen arbeiten nach dem Prinzip, zuerst das anzuzeigen, was bisher von anderen am häufigsten gesucht wurde.		
2. Suchmaschinen erstellen über ihre Nutzer Persönlichkeitsprofile, die beständig mit denen anderer Nutzer verglichen werden.		
3. Die Daten dieser Profile werden an Parteien verkauft, die somit Daten über ihre Wählerschaft bekommen.		
4. Man hat allerdings keine Kontrolle darüber, an wen persönliche Daten weitergegeben werden.		
5. Als Fake News werden Nachrichten bezeichnet, die Politiker ins Netz stellen.		
6. Erzeugt Künstliche Intelligenz Nachrichten, stellt diese ein Computerprogramm selbstständig zusammen.		
7. Professionelle Medien geben bei ihren Nachrichten i. d. R. an, woher die Informationen stammen.		
8. Findet man für eine Nachricht keine zweite Quelle, ist diese falsch.		
9. Werden Nachrichten von „Laien Reportern" gepostet, wurden diese im Netz recherchiert und dort auf ihren Wahrheitsgehalt hin überprüft.		
10. Häufig wird bei SM-Thesen, die Influencer ins Netz gestellt haben, behauptet, nur diese seien wahr, die Lügenpresse würde diese ignorieren.		

15 Zusammenfassende Aufgaben

Aufgabe 4: *Erläutere den Unterschied, wie professionelle Reporter ihre Nachrichten recherchieren, bevor sie diese ins Netz stellen, im Gegensatz zu Influencern in SM-Gruppen. Schreibe in dein Heft.*

Aufgabe 5: **a)** *Welche Vorteile hat es, will man sich neues Wissen aneignen, dieses durch das Lesen von Büchern zu tun und nicht durch Surfen im Netz?*

____

____

____

b) *Das Lesen von Belletristiktiteln kann soziale Fähigkeiten verbessern, stellte eine Untersuchung fest. Welche Fähigkeiten waren das und welche Ursachen wurden von den Forschern angeführt?*

____

____

____

Aufgabe 6: *Vervollständige die folgenden Aussagen mit eigenen Worten in deinem Heft.*

1. Werden Statistiken in einer Nachricht genannt, die diese untermauern sollen, ist deren Wahrheitsgehalt anzuzweifeln, wenn nicht angegeben wird, aus ...
2. Misstrauen ist auch angesagt, wenn das Datum einer Nachricht ...
3. Werden in einer Nachricht auch gegenteilige Standpunkte genannt und ist die Sprache dabei emotionsfrei, ist die Wahrscheinlichkeit sehr hoch, dass diese Nachricht ...
4. Seriöse Wissenschaftler veröffentlichen neue Erkenntnisse bei Forschungen erst dann, wenn diese vorher von anderen Wissenschaftlern ...
5. Verschwörungstheoretiker sind der Meinung, die Regierung manipuliere das Volk in eine bestimmte Richtung, indem sie bestimmte Meinungen ...
6. Menschen sind dann anfällig, Verschwörungstheorien zu glauben, wenn sie sich von anderen nicht ausreichend wahrgenommen fühlen oder ...
7. Menschen, die an Verschwörungen glauben, glauben auch, sie tun etwas Gutes, wenn sie ...
8. Man kann in den SM-Gruppen Wut, Ärger und Frust loswerden, ohne Sanktionen ...
9. So muss man sich nicht fragen, warum man solche Gefühle hat und welchen Anteil ...

15 Zusammenfassende Aufgaben

Aufgabe 7: *Ordne den Satzanfängen die richtigen Satzenden zu.*

Satzanfänge	Satzenden
Postet man etwas selbst in SM-Gruppen, das von deren Mitgliedern positiv bewertet wird,	dass in ihnen ein Zusammengehörigkeitsgefühl herrscht.
SM-Gruppen zeichnen sich dadurch aus,	wie dort negativ beschriebene Sachverhalte praktisch verändert werden könnten.
In den SM wird i. d. R. nicht aufgezeigt,	sich immer häufiger nur noch durch SM-Gruppen über das Weltgeschehen informieren.
Untersuchungen zeigen, dass vor allem Jugendliche	desto glaubwürdiger ist sie. Eine Wahrheitsprüfung scheint dann nicht mehr erforderlich zu sein.
Man braucht in einer SM-Gruppe kein Hintergrundwissen,	um die dort eingestellten Posts verstehen zu können.
SM-Influenzer benutzen häufig bei ihren Posts eine Wortwahl,	wiederholen diese meist immer wieder ihre Thesen gegenüber ihren Diskussionspartnern.
Diskutiert man mit SM-Nutzern,	in Diskussionen auf Gegenargumente zu ihren Thesen einzugehen und sich mit diesen auseinanderzusetzen.
In SM-Gruppen scheint zu gelten, je häufiger eine Aussage zitiert wird,	steigt dadurch das eigene Selbstwertgefühl.
SM-Nutzer scheinen auch verlernt zu haben,	die Emotionen hervorruft und so ihre Thesen auch auf dieser Ebene bestärken soll.

15 Zusammenfassende Aufgaben

Aufgabe 8: *Löse das Kreuzworträtsel (S. 42). Die farbig hinterlegten Felder ergeben den Lösungssatz.*

1. Suchmaschinen bei Google zeigen dir zuerst für dein eingegebenes Thema die Seiten, welche von anderen am **...?** benutzt wurden.
2. Suchmaschinen erstellen über ihre Nutzer ein **...?**
3. Suchmaschinen sammeln daher beständig **...?** von ihren Nutzern.
4. Google verdient sein Geld damit, dass es seine gesammelten Informationen über seine Nutzer an **...?** verkauft.
5. Nutzer des Internets werden durch das Datensammeln von Google mit jedem Klick im Netz immer **...?**
6. Als Fake News werden Nachrichten bezeichnet, die manipuliert bzw. **...?** sind.
7. Wenn Künstliche Intelligenz Nachrichten ins Netz stellt, werden diese von **...?** verfasst.
8. Der Wahrheitsgehalt einer Nachricht kann auch dadurch überprüft werden, dass man diese ins Netz eingibt und sieht, ob es dazu noch eine zweite **...?** gibt.
9. Werden in einer Nachricht auch gegenteilige Standpunkte genannt, kommt eine solche meist von **...?**
10. Je häufiger SM-Nachrichten positiv von ihren Nutzern bewertet werden, desto eher gelten diese als **...?**
11. Wie werden in SM-Gruppen häufig Zeitungen und Rundfunkanstalten bezeichnet?
12. Die Finanzierung der SM-Kanäle erfolgt durch Spenden der **...?**
13. Wird angenommen, dass sogenannte Geld-Eliten die Regierung in ihrem Sinne beeinflussen, ohne dass die Bevölkerung das merkt, spricht man von einer **...?**
14. Menschen, die einer Verschwörungsideologie huldigen, verstehen meist welche Art von Sachverhalten nicht?
15. Verschwörungsideologen vereinfachen die Welt und hinterfragen ihre Informationen nicht, so wird ihr Gehirn scheinbar **...?**
16. Liest man beständig die Posts von Politikern in den SM, entsteht ein Gefühl, an deren Ansichten und Entscheidungen **...?** zu werden.
17. In den SM-Gruppen kann jeder beliebig meckern, wie unqualifiziert auch immer, solange dabei dem **...?** entsprochen wird.
18. Welche Gruppe der Bevölkerung informiert sich immer häufiger nur noch durch SM-Gruppen über das Weltgeschehen?
19. Verbringt man den größten Teil seiner Zeit im Netz mit dem Ansehen von Informationen der SM-Gruppen, besteht die Gefahr, dass man nach diesen Nachrichten **...?** wird
20. Neben negativen Seiten bzw. Gefahren bei SM-Nutzung gibt es aber auch viele**...?**
21. Als es das Internet noch nicht gab, war die Informationsbeschaffung über ein Thema sehr **...?**
22. Das Wichtigste bei Nutzung des Netzes zur Informationsbeschaffung ist, die dortigen Infos immer **...?** zu betrachten.

15 Zusammenfassende Aufgaben

11
13
14
18
1
6
19
8
12
22
5
4
10
7
2
9
3
15
20
21
16
17

Ä=Ä
Ö=Ö
Ü=Ü

-

15 Zusammenfassende Aufgaben

Aufgabe 9: *Setze die Begriffe an die richtigen Stellen im Text.*

Ahnung – angewiesen – Ansichten – behalten – Bekanntheitsgrad – benachteiligt – Budgets – entscheiden – Geld – Gründe – interessieren – konkret – manipulieren – Medien – Missstände – Nachrichten – Realität – schuld – selbst – Überzeugung – Verantwortung

Verschwörungsanhänger behaupten u. a., Politiker würden nichts für die Bevölkerung tun bzw. sich nicht für diese ________________, deshalb würden sie ________________ unterdrücken. Die Politiker tun das, weil sie unfähig sind und keine________________ von ihrem Job haben, vor allem aber wollen sie ihren Job ________________ und das damit verbundene ________________. Also beeinflussen sie die ________________, nur Meldungen zu bringen, die sie in einem guten Licht erscheinen lassen „Wahre" Meldungen, die zeigen, warum z. B. Gruppen in der Bevölkerung ________________ sind, werden unterdrückt. So ________________ sie die Bevölkerung. Nur in den SM werden die „wahren" Meldungen und Gründe für ________________ genannt. Die Frage stellt sich bei derartigen Behauptungen, warum Politiker die Medien unterdrücken sollten, sind sie doch auf diese u. a. ________________, um wiedergewählt zu werden, denn durch sie erlangen sie ja erst einen entsprechenden ________________. Eine andere Frage ist, welche ________________ jemand hat, Politiker zu werden. SM meinen, Politiker wollten nur Geld verdienen bzw. Macht haben. Wie aber sieht diese Macht ________________ aus und in welchem Umfang haben Politiker Macht? Die meisten Politiker haben eine innere ________________, etwas besser machen zu wollen, Menschen von ihren ________________ zu überzeugen und ihre Ideen praktisch umzusetzen. Allerdings sieht die Realität dann meist so aus, dass das Geld, das dafür per Bundeshaushalt zur Verfügung steht, begrenzt ist und so der Bundestag ________________ muss, welche Bevölkerungsgruppen wieviel des ________________ bekommen können. Und gefragt werden kann auch, warum sich die SM-User nicht ________________ in der Politik engagieren, wenn man da doch so viel Geld und Macht bekommt. Ganz einfach, man selbst hat keine Ahnung, wie Politik in der ________________ funktioniert, und wie kompliziert diese letztlich ist, außerdem will man keine ________________ übernehmen, sondern nur meckern. Überdies würde man dann auch zu der Gruppe gehören, die an allem ________________ ist.

KOHL VERLAG SOCIAL MEDIA & SUCHMASCHINEN ... wie sie uns beeinflussen – Best.-Nr. 13 095

15 Zusammenfassende Aufgaben

Aufgabe 10: *Überprüfe, ob dir die Begründungen der folgenden Aussagen in SM stichhaltig bzw. wahr erscheinen. Notiere deine Ansichten dann jeweils in dein Heft. Orientiere dich dabei auch an dem, was in Kapitel 9 beschrieben wurde.*

1. Da das Bruttoinlandsprodukt in diesem Jahr, so prognostizieren Wirtschaftsexperten, bei ca. 0,5 Prozent liegen wird, wird Deutschland immer mehr in die Armut versinken.
2. Würden die Politiker endlich mal an das eigene Volk denken, brauchte es die AfD nicht zu geben.
3. Ein Verbot der AfD würde bedeuten, dass im Osten der BRD die Stimme jedes dritten Wählers für unerwünscht erklärt würde.
4. In einer Zeitung werden einerseits Argumente genannt, warum die AfD verboten werden sollte, andererseits, dass ein Verbot der AfD nichts bringen würde.
5. In Deutschland gibt es eine nicht bekannte Zahl an Migranten, die Geld für ihre Kinder im Ausland bekommen, die es gar nicht gibt.
6. Asylanten bekommen in Deutschland wesentlich mehr Geld als deutsche Hilfsbedürftige. Als Beleg wird eine Statistik der Stadtverwaltung Hamburg angeführt, wieviel Geld durchschnittlich Asylanten bekommen und wieviel deutsche Bedürftige.
7. Als Begründung, dass immer mehr Menschen auf Sozialhilfe angewiesen sind, gebe es jede Menge Statistiken, sagt ein Diskussionsteilnehmer.
8. Kohle und Atomstrom werden im eigenen Land abgeschafft, dafür wird fehlender selbst erzeugter Strom teuer im Ausland gekauft.
9. Wir sollen E-Autos fahren, obwohl wir vor nicht allzu langer Zeit aufgefordert wurden, Strom zu sparen.
10. Immer mehr Nachrichten im Netz werden von KI erzeugt. So ist schwer zu erkennen, ob das Programm wahre Nachrichten zusammenstellte oder Fake News produzierte.
11. Es hat in einer Region ein Erdbeben gegeben, bei dem es viele Tote und Verletze gab. Allerdings konnte die Anzahl der Opfer nicht überprüft werden.
12. In der Bild-Zeitung steht: Wie aus Insider-Kreisen zu erfahren war, hat es in der Ampel-Koalition erneut Streit um das Heizungsgesetz gegeben.
13. Deine Eltern bekommen von ihrer Bank folgende Mail: Wir habn sehr atraktive neue Anleihenangebote für sie mit hohen Zinssätzen. Bitte klicken sie auf den Link, um sich unsere Angebote anzusehen.
14. Eine Meldung bei Google: Alzheimer ade. BioNTech hat ein Arzneimittel entwickelt, das kurz vor der Zulassung steht. Unter der Meldung steht: Gesponsert.

KOHL VERLAG SOCIAL MEDIA & SUCHMASCHINEN ... wie sie uns beeinflussen – Best.-Nr. 13 095

15 Zusammenfassende Aufgaben

Aufgabe 11: **a)** *Welche Auswirkungen auf die Stimmung beständiger Internetnutzer ergeben sich, wenn diese länger aufhören, ihr Handy zu nutzen?*

b) *Ständige Handy-Nutzung kann abhängig machen, da seine Nutzung unmittelbar selbstbelohnend wirkt. Erkläre, was darunter zu verstehen ist.*

c) *Welche Auswirkungen auf die Persönlichkeitsstruktur kann eine Handy-Sucht haben?*

d) *Wie kann man einer Smartphone-Sucht vorbeugen?*

Aufgabe 12: **a)** *Wie kannst du am besten ein Gespür dafür bekommen, ob Nachrichten aus Wirtschaft und Politik, die im Netz stehen, wahr sind?*

b) *Warum solltest du dir bewusst am Tag Auszeiten vom Handy Gebrauch nehmen? Schreibe in dein Heft.*

c) *Wie solltest du bei Nachrichten verfahren, bei denen du vor dem Lesen Cookies akzeptieren musst?*

Lösungen

2 Veränderungen im Gehirn bei ständiger Handy-Nutzung

Aufgabe 1: a) Wenn man beständig mit dem Smartphone etwas googelt, zieht unser Gehirn daraus den Schluss, sich weniger merken und somit weniger speichern zu müssen.

b) Die Festplatte des Menschen, also unser Gedächtnis, ist ein Netzwerk von Milliarden Nervenzellen, die miteinander gekoppelt sind und so unsere Erinnerungen speichern. Wenn wir auf einem Gebiet viel wissen, bedeutet das, hier vermehrt Verknüpfungen dieser Nervenzellen zu haben.

c) Dem Gehirn fehlen Kapazitäten, die es für das Begreifen komplexerer Sachverhalte benötigt, da diese damit beschäftigt sind, immer wieder neue Handy-Meldungen einzusortieren.

Aufgabe 2: Man braucht dafür entsprechendes Vorwissen auf diesem Gebiet, das man sich im Laufe der Zeit aneignete.

Aufgabe 3: Es kommt zu Konzentrationsverminderung, Aufmerksamkeitsdefiziten, Verzögerungen beim Begreifen eines Sachverhalts und verminderter Lernfähigkeit.

Aufgabe 4: Das Gehirn eines Menschen wächst bis zum 21. Lebensjahr beständig. Wie es dabei strukturiert wird, wird von der Umwelt entscheidend mitbestimmt. Desto früher Kinder bzw. Jugendliche mit beständiger Handy-Nutzung anfangen, desto stärker wird bei ihnen die Merkfähigkeit, die Konzentrationsfähigkeit, das Begreifen eines Sachverhalts und die Lernfähigkeit beeinträchtigt sein.

3 Störungen der Konzentration, Aufmerksamkeit und Merkfähigkeit

Aufgabe 1:

1. Richtig.
2. Falsch, man kann sich nur vermindert auf diese konzentrieren.
3. Falsch, die Ablenkung erfolgt im Schnitt alle 11 Minuten.
4. Richtig.
5. Richtig.
6. Falsch, eine solche kann nicht erst im Alter, sondern auch schon bei Jugendlichen entstehen.

Aufgabe 2: Du stellst dein Handy aus, um nicht abgelenkt zu werden bzw. legst es in einen anderen Raum. Du googelst etwas, erst dann, wenn du darüber zuvor selbst länger nachgedacht hast.

4 Suchtgefahr durch Handy-Nutzung

Aufgabe 1: Die Nutzer hatten negative Stimmungsschwankungen, waren unruhig, wurden ängstlich und fühlten sich unwohl.

Aufgabe 2: Man kann in den SM-Wut, Ärger und Frust loswerden, ohne Sanktionen befürchten zu müssen.

Eine Smartphone Sucht zeichnet sich dadurch aus, dass das Gehirn der Betroffenen sich in dauernder Alarmbereitschaft befindet, keine Nachricht zu verpassen.

Bei Internetsüchtigen stellt man häufig einen Mangel an mitfühlendem Verhalten und egoistische Kommunikationsstrukturen fest.

Die Suchtgefahr des Internets wird dadurch bestärkt, dass seine Nutzung unmittelbar selbstbelohnend wirkt.

Bei beständiger Handy-Nutzung fehlt die Zeit, Nachrichten zu reflektieren, z. B. auf ihren Wahrheitsgehalt.

Krankenkassen warnen vor Internetsucht und Social-Media-Abhängigkeit.

Aufgabe 3: Man sollte Push-Benachrichtigungen abstellen und nur zu vorher festgelegten Zeiten Nachrichten im Smartphone sich ansehen. Es sollten mit Freunden, der Clique und den Eltern Regeln vereinbart werden, wann und wie oft Nachrichten (SMS usw.) ausgetauscht werden.

Lösungen

5 Die Fähigkeit, komplexe Themenstellungen analysieren zu können geht bei ständiger Handy-Nutzung zurück

Aufgabe 1: Um sich mit komplexeren Themen auseinandersetzen zu können, ist ein entsprechendes Vorwissen über diese erforderlich, um die Themen zu strukturieren und zu beurteilen, was bei diesen wichtig ist. Da das Gehirn beständig damit beschäftigt ist, sich neue Nachrichten anzusehen, konnte es diese Fähigkeiten nur bedingt ausbilden.

Aufgabe 2: Individuelle Antworten, z. B. wie Gesetze entstehen und wer daran in welcher Form beteiligt ist. Welche Aufgaben der Bundeskanzler und seine Minister haben, wie die Bürger und Bürgerinnen Einfluss auf politische Entscheidungen nehmen können und was die Regierung tun kann, damit eine Wirtschaftsflaute überwunden wird etc.

6 Vorteile des Lesens von Büchern

Aufgabe 1: Beim digitalen Lesen schaut man beim Text meist primär auf Schlüsselwörter und überfliegt den Rest. Beim Lesen eines Buches muss man sich den Inhalt genau verinnerlichen, um ihn zu verstehen. Fehlt es darin an Übung, kann Lesen von Gedrucktem stressig werden.

Aufgabe 2: Solche Links lösen im Kopf der Leser einen Impuls aus, auf die angegebene Netzseite zu gehen. Den muss das Gehirn unterdrücken, um weiterzulesen, was die Konzentration auf das zu Lesende einschränkt.

Aufgabe 3: In Belletristik Büchern werden die handelnden Personen und ihre Gefühle i. d. R. recht ausführlich beschrieben, damit man sich in diese hineinversetzen kann. So wird der Leser bzw. die Leserin darin „geschult", sich auch in Personen einfühlen zu können, mit denen er bzw. sie real z. B. in einem Gespräch zusammen ist.

Aufgabe 4: Wissenschaftliche Forschungen zeigten, dass das **Gehirn** lange Texte aus Büchern besser speichert, als wenn die, in diesen behandelten Informationen, im **Netz** standen. Daher sehen die Forscher die **Gefahr**, dass **digitales** Lesen dazu führt, dass unser Gehirn insgesamt oberflächlicher denkt und Sachverhalte nicht mehr hinterfragt. Denn Lesen ist nicht **angeboren**, sondern muss erst gelernt werden. Lesen ist eine Hochleistungsarbeit, denn das Gehirn muss z. B. blitzschnell **Zusammenhänge** bilden, **unsinnige** Wortbedeutungen erkennen und das Gelesene mit anderem Gespeicherten **vergleichen**. Ist das Gehirn in diesen Fähigkeiten **ungeübter** durch digitales Lesen, führe das zu einem Mangel an **Gründlichkeit** und Sorgfalt bei der Auseinandersetzung mit Themen, so die Forscher.

7 Digitale Medien im Unterricht

Aufgabe 1:

a) Mit dem Handy kann man hilfreiche Informationen zu Lerninhalten, die im Unterricht behandelt werden, bekommen. Mit dem Handy können wichtige schulische Termine, z. B. wann steht eine Klassenarbeit an, wann sind Hausaufgaben abzugeben, schnell gespeichert werden und werden dann nicht mehr vergessen. Bei Notfällen können die Eltern schnell benachrichtigt werden. Durch Lernapps kann der vermittelte Stoff weiter vertieft und durch Fragen und Aufgaben wiederholt werden.

b) Die Lehrkräfte können schlecht kontrollieren, ob die Schüler ihr Handy wirklich nur für den Unterricht nutzen oder für ihre private Angelegenheiten, was sich dann negativ auf ihre Aufmerksamkeit für den gerade vermittelten Lernstoff auswirken wird. Da Smartphones bei Jugendlichen häufig als Statussymbol gelten, können Schüler, die ein Smartphone haben, das momentan nicht „in" ist, sich benachteiligt fühlen oder werden deswegen sogar gemobbt.

Aufgabe 2:

1. Falsch, sie können den Lehrer nicht ersetzen.
2. Falsch, nur ein guter Unterricht kann davon profitieren.
3. Falsch, es wird kaum kontrolliert, so hält sich kaum einer an das Verbot.
4. Richtig
5. Falsch, es waren nur 15 Prozent.
6. Richtig

Lösungen

8 Wie die Algorithmen des Internets vorgeben, was angezeigt wird, wenn man im Netz etwas nachschaut.

Aufgabe 1: Beim Eingeben eines Begriffs werden zuerst die Ergebnisse angezeigt, die am häufigsten von anderen gesucht wurden. Daher speichern Suchmaschinen permanent Daten über ihre Nutzer, z. B. welche Links angeklickt wurden, wie schnell man von einer Information zur nächsten geht, wo man sich befindet, während man das tut etc.

Aufgabe 2: Die von der Suchmaschine gesammelten Daten der Nutzer, z. B. welche Themengebiete klickten sie an, wie lange verweilten sie bei diesen, wo befanden sie sich, als sie das taten, werden miteinander verglichen. Ähnliche, gleiche oder vergleichbare Daten werden dann zu Persönlichkeitsprofilen zusammengestellt.

Aufgabe 3: Da die Suchmaschinen beständig bei jedem Klick Daten über uns sammeln, wird man für eine Suchmaschine im Laufe der Zeit immer „durchsichtiger". Man hat auch keine Kontrolle darüber, an wen diese persönlichen Daten weitergegeben bzw. verkauft werden.

Aufgabe 4: individuelle Lösungen

9 Wie der Wahrheitsgehalt einer Information bzw. Nachricht in den SM überprüft werden kann.

Aufgabe 1:

- Von wem wurde die Nachricht erstellt: Professionelle Medien wie z. B. die Tagesschau und Nachrichten in Zeitungen sind vertrauenswürdiger als Social Media-Accounts von Influencern, denn sie geben i. d. R. an, von wem die Nachricht stammt, z. B. dem Bundekanzler, einem bekannten Experten, aus einer genau bezeichneten Quelle. Die bei diesen Medien beschäftigte Journalisten überprüfen auch vor einer Veröffentlichung, ob die Nachricht von mehreren Quellen bestätigt wird.
- Gibt es für die Nachricht mehrere gleichlautende Quellen: Wenn man das Thema einer Nachricht noch einmal in die Suchmaschine eingibt und so erfährt, dass es für dieses ähnliche Informationen gibt, ist die Wahrscheinlichkeit groß, dass die zuerst gelesene Nachricht wahr ist.
- Checken einer Nachricht durch spezielle Webseiten: Es gibt im Netz Webseiten, die den Wahrheitsgehalt einer Nachricht, die man eingibt, überprüfen, z. B. hoaxmap.org, mimikama.org, correktiv.org, Faktencheck.
- Viele Buchstabendreher oder Rechtschreibfehler in einer Nachricht: Dann ist der Wahrheitsgehalt erstmal anzuzweifeln, denn professionellen Journalisten würde so etwas nicht passieren.
- Angaben von Prozentzahlen in einer Nachricht: Werden zur Untermauerung eines Sachverhalts in einer Nachricht Prozentzahlen genannt, aber es wird nicht angegeben, aus welcher Untersuchung oder Studie diese stammen, ist Misstrauen angesagt.
- Ausgewogenheit einer Information: Werden in einer Nachricht die Sachverhalte objektiv, unparteilich dargelegt, werden auch gegenteilige Standpunkte aufgeführt, werden nachprüfbare Fakten genannt, ist die Sprache emotionsfrei, ist die Wahrscheinlichkeit groß, dass die Inhalte wahr sind.

Aufgabe 2:

1. Falsch, so werden manipulierte, vorgetäuschte Nachrichten bezeichnet, wer sie erstellte, ist dabei unerheblich.
2. Richtig
3. Richtig
4. Falsch, denn es ist kaum nachvollziehbar, wie die Logarithmen der KI diese Nachrichten zusammenstellten, auf welche Quellen sie sich dabei bezogen und ob diese wahr sind.
5. Richtig
6. Falsch, es kommt darauf an, aus welcher Untersuchung oder Studie diese Statistiken stammen oder welche Forschende dahinterstehen, um zu entscheiden, ob diese glaubhaft sind.
7. Falsch, gerade dann wird ein Sachverhalt ja umfassend dargelegt und man kann sich selbst ein Urteil bilden, welche Aussagen richtig sind.

Aufgabe 3: Corona-Masken wurden im September 2023 i. d. R. nicht mehr getragen, wahrscheinlich ist das Video daher früher erstellt worden. Da die Umgebung nur unscharf gezeigt wird, weiß man nicht, wo der Übergriff genau stattfand, auch fehlt ein eingeblendetes Datum. So ist dieses Video wahrscheinlich zu einer anderen Zeit, an einem anderen Ort gedreht worden und belegt daher die Aussagen der Demonstrantin nicht.

Lösungen

10 Wie Nachrichten in den SM konstruiert sind, die ihre Nutzer in eine bestimmte Richtung beeinflussen bzw. manipulieren sollen

Aufgabe 1:

a) Bevor professionelle Journalisten eine Nachricht veröffentlichen, wird deren Wahrheitsgehalt überprüft. Sie sprechen z. B. mit Experten, Wissenschaftlern, Politikern über das Thema, diese sollen dessen Wahrheitsgehalt bestätigen. Es wird von ihnen auch möglichst noch eine weitere Quelle gesucht, die den Wahrheitsgehalt der Nachricht untermauert. Erst dann wird eine Nachricht veröffentlicht, die möglichst wertfrei den Sachverhalt darstellt. Auch Skandale bzw. ein Fehlverhalten von Politikern werden so aufgedeckt.

b) Sie recherchieren i. d. R. nur im Netz, suchen sich die für ihre Ansichten passenden Nachrichten heraus und stellen sie dann mit eigenen Kommentaren zu diesen in die SM. Eine Überprüfung auf deren Wahrheitsgehalt tritt dabei in den Hintergrund, denn es geht ihnen in erster Linie darum, dass andere mit dieser Nachricht von etwas überzeugt werden, an das diese „Laien-Reporter" glauben.

Aufgabe 2: SM-Gruppen stellen häufig die Behauptung auf, ihre Follower seien gegenüber anderen Gruppen der Bevölkerung **benachteiligt**. Als **Erklärung** wird aufgeführt, dass **Politiker** sich nur für einflussreiche, sie unterstützende Gruppen interessieren würden. Daher würden sie Nachrichten **unterdrücken**, in denen die Gründe der Benachteiligung genannt werden. Nur in den SM werden diese genannt. Die Politiker tun das, weil sie unfähig sind und keine Ahnung von ihrem Job haben, vor allem aber wollen sie ihren Job **behalten** und das damit verbundene **Geld**. Also beeinflussen sie die Medien, nur Meldungen zu bringen, die sie in einem guten Licht erscheinen lassen, „**wahre**" Meldungen, die eigentlich zeigen, warum ich benachteiligt bin, werden unterdrückt. So **manipulieren** sie die Bevölkerung. Nur in den SM werden die „wahren" Meldungen und Gründe für **Missstände** genannt. Da ich das nun weiß, gehöre ich zu einer Gruppe der „**Eingeweihten**", bin etwas Besonderes, tue sogar noch etwas Gutes für die Menschheit, wenn ich diese über die „**Verschwörung**" der Politiker aufkläre. Ich fühle mich einer Gruppe zugehörig, die mich versteht, mich bekräftigt und mich nicht für blöd hält. Mein **Selbstwert** steigt, da ich endlich die „Wahrheit" erkannt habe und die Gründe, dass diese der Öffentlichkeit gegenüber **verschwiegen** wird. So fühle ich mich klug, besser als die **Dummen**, die diese nicht sehen. Außerdem hat man eine schöne Beschäftigung gefunden oder einen **Sinn** in seinem Dasein, indem man immer wieder neue „wahre" Fakten sammelt bzw. geschickt bekommt.

Aufgabe 3: Werden zu einem Thema Experten befragt, wird zu diesen i. d. R. eine Videokonferenz geschaltet. Man sieht die Experten dann in ihrer Wohnung bzw. ihrem Büro sitzen. So entsteht der Eindruck, die Experten nehmen sich extra privat Zeit für ihre Zuhörer. Die Qualifikation der Experten wird zuerst genannt, z. B. Rechtsanwalt, Biologe, Arzt etc. Hat jemand eine solche akademische Qualifikation, wird das, was er im Interview sagt, scheinbar damit wissenschaftlich untermauert und damit auch die SM-Thesen. Allerdings besagt eine wissenschaftliche Qualifikation nichts über die wirklichen Fähigkeiten bzw. Kenntnisse einer Person auf diesem Gebiet. Die Experten erklären Sachverhalte, zu denen sie befragt werden, meist einfach und ohne Fachbegriffe, allerdings auch ohne auf deren Hintergründe einzugehen. Die Zuschauer bekommen so den Eindruck, komplexe Sachverhalte nun endlich verstehen zu können.

Aufgabe 4:

1. Es wird nicht begründet, warum das Heizungsgesetz die Belange der Bürgerinnen und Bürger nicht berücksichtigt bzw. wie dieses mit der Führungsschwäche des Kanzlers zusammenhängt. Es müssten Beispiele genannt werden, wie die Bürger durch dieses Gesetz benachteiligt werden.
2. Eine Grundsicherung bekommen alle in Deutschland lebende Bürger und Bürgerinnen, die auf diese angewiesen sind. Es gibt keine Obergrenze, ab der eine solche nicht mehr gezahlt wird und diese dann Deutschen fehlen würde.
3. Nur Untersuchungen bzw. Statistiken seriöser Meinungsforschungsinstitute können belegen, ob primär jugendliche Asylanten Rettungskräfte behindern. Videos von solchen Situationen könnten beispielsweise Einzelfälle zeigen, die statistisch unerheblich sind, was immer wieder bei Laien-Reportern der Fall ist.
4. Die Gewerkschaft Verdi fordert für Schulleiterstellen höhere Gehälter, damit die Stellen attraktiver für Lehrkräfte werden, sich auf eine solche zu bewerben, und damit diese Stellen schneller besetzt werden können.
5. Studienplätze für Lehramtsstudenten stellt nicht die Bundesregierung bereit, sondern die Hochschulen der Bundesländer. Es gibt davon ausreichend viele, aber offensichtlich sind Studierende nicht mehr wirklich bereit, Lehrer zu werden. Aufschlussreich wäre herauszufinden, warum das der Fall ist.
6. Es werden keine Gründe bzw. Beispiele genannt, warum ausgerechnet Online-Unterricht das Lernverhalten der Schüler und Schülerinnen verbessern könnte.

Lösungen

10 Wie Nachrichten in den SM konstruiert sind, die ihre Nutzer in eine bestimmte Richtung beeinflussen bzw. manipulieren sollen

Aufgabe 5: Das 49 Euro Ticket wurde nicht von der Regierung in Kraft gesetzt, sondern vom Bundestag per Gesetz verabschiedet. Ob es im Mai wieder abgeschafft wird, ist bisher noch nicht beschlossen worden. Die Bundesländer können von der Koalition auch nicht gezwungen werden, den Preis für das 49 Euro Ticket zu erhöhen, denn der Bundesrat, das Vertretungsorgan der Länder bei Gesetzen, die diese betreffen, muss ihm zustimmen. Das Ticket war als Entlastung für Vielfahrer gedacht, sollte aber den Öffis auch neue Kunden bringen. Klimaexperten haben es nur positiv bewertet, es wurde von diesen nicht vorgeschlagen. Nicht bald soll Deutschland Treibhausgas Neutralität erreichen, sondern konkret ab 2045. Dann muss ein Gleichgewicht herrschen zwischen Treibhausgasemissionen und deren Abbau. Eine höhere Nutzung der Öffis ist dabei nur ein minimaler Effekt.

Aufgabe 6: Die ins Netz gestellten Nachrichten und Kommentare in einer SM-Gruppe werden von den Followern in der Form bewertet, dass sie an andere weitergeleitet werden bzw. mit dem Daumen hoch Symbol als gut bzw. richtig bezeichnet werden. Desto häufiger das geschieht, desto bekannter wird derjenige bzw. diejenige, die diese Nachrichten ins Netz stellte. Denn der Wahrheitsgehalt einer Nachricht wird letztlich daran bemessen, wie häufig diese im Netz erscheint. Quantität geht also vor Qualität.

Aufgabe 7: Thesen, die von Laien-Reportern oder Influencern in die SM gestellt werden, werden i. d. R. nicht von den professionellen Medien behandelt oder bestätigt. Es wird diesen Medien so unterstellt, sie würden von der Regierung bzw. bestimmten Gruppen an einer Veröffentlichung gehindert. Daraus wird gefolgert, dass diese Medien nicht die Wahrheit über Sachverhalte sagen, sondern die Bevölkerung über diese belügen, daher der Begriff Lügenpresse.

Aufgabe 8: Es stellt sich die Frage, wie die Zuschauer reagieren würden, wenn die SM-Kanäle nicht mehr die von ihnen erwartete Art von Nachrichten bringen. Würden sie dann auch noch spenden? Wahrscheinlich nicht. So besteht indirekt der Druck, nur das zu veröffentlichen, was die Spender sehen wollen, womit eine unabhängige Berichterstattung zumindest fraglich ist.

Aufgabe 9: Meldung A berichtet wenig über die Fakten der Führungsschwäche des Kanzlers, die Sprache ist gespickt mit emotionalen Ausdrücken, z. B. „schwerste Unwetter, seine Offiziere, Schlingerfahrt, kann oder will sich nicht erinnern". So entsteht der Eindruck von Führungsschwäche, ohne dass diese ausreichend begründet wird. So soll der/die Leser/in auf der emotionalen Seite gegen Scholz eingenommen werden. Bei Meldung B werden Fakten genannt, z. B. die Umfragewerte des Kanzlers, die momentane Inflationsrate etc. Die Sprache ist emotionsfrei und es erfolgt keine Manipulation.

11 Verschwörungstheorien im Netz

Aufgabe 1: Es wird angenommen, Gruppen in der Gesellschaft, z. B. sogenannte Geld-Eliten, beeinflussen die Regierung, indem sie diese unter Druck setzen, Entscheidungen in ihrem Sinne zu treffen. Das Motiv der Geld-Eliten, das zu tun, sei, so noch mehr Geld zu verdienen. Eine weitere Annahme besteht darin, dass Erkenntnisse von Wissenschaftlern für bestimmte Sachverhalte nicht gesichert oder falsch seien, denn diese wurden von den Verschwörer-Gruppen auch unter Druck gesetzt bzw. bekamen von diesen Geld, damit sie ihre Erkenntnisse fälschen.

Aufgabe 2: Es werden nur Informationen herausgesucht, die die angebliche Verschwörung scheinbar unterstützen, gegenteilige werden ignoriert. Es interessiert auch nicht, in welchem Zusammenhang diese Informationen entstanden sind, was deren Hintergründe sind. Bei längeren Ausführungen von Experten bzw. Politikern werden die Sätze weggelassen, welche eine Verschwörung nicht stützen.

Aufgabe 3:
1. Richtig.
2. Falsch, Verschwörungsgläubige geben ihre Schwäche, komplexe Sachverhalte nicht zu verstehen, generell gegenüber anderen nicht zu.
3. Richtig
4. Richtig
5. Falsch, es werden der Verschwörung widersprechende Infos gerade nicht hinterfragt.
6. Falsch, man hat dann vor sich selbst eine Entschuldigung, politisch nicht aktiv werden zu müssen.
7. Richtig

Aufgabe 4: Man fühlt sich anderen deswegen überlegen, weil diese nicht in der Lage bzw. zu dumm sind, die Verschwörungen zu erkennen. Auch hat man das Gefühl, den Menschen etwas Gutes zu tun, wenn man diese über Verschwörungen aufklärt, denn die Regierung habe Angst vor den SM-Thesen und würde sie daher versuchen zu unterdrücken bzw. zu verbieten.

Lösungen

11 Verschwörungstheorien im Netz

Aufgabe 5: Werden Personen im Hintergrund für die Probleme der Welt verantwortlich gemacht, gibt es noch die Variante, das seien bestimmte **unfähige** Politiker. Da diese aber ihren Job behalten wollten und das damit verbundene **Geld**, beeinflussen sie die Medien, nur **Meldungen** zu bringen, die sie in einem guten Licht erscheinen lassen. „Wahre“ Meldungen, die zeigen, wie unfähig diese Politiker sind, werden **unterdrückt**. Die Frage ist allerdings, aus welchen **Gründen** jemand Politiker geworden ist? Nur weil er Geld und Macht haben will? **Umfragen** belegen, dass in der Realität die meisten Politiker eine innere **Überzeugung** haben, durch ihr Handeln **Probleme** der Gesellschaft lösen zu wollen. Auch vertreten sie die **Ideen** der Partei, der sie angehören, und versuchen, diese in die **Praxis** umzusetzen. Voraussetzung hierfür ist rhetorisches Geschick, Disziplin, Selbstbeherrschung und **Kompromissfähigkeit**. Warum engagieren sich die SM-User nicht **selbst** in der Politik, wenn man da doch so viel Geld und Macht hat? Ganz einfach, man selbst hat keine Ahnung, wie Politik in der **Realität** funktioniert, wie **kompliziert** die Welt ist und z. B. der Bundestag oder die EU funktioniert. Außerdem will man keine **Verantwortung** übernehmen, sondern nur meckern. Überdies würde man dann auch zu der Gruppe gehören, die an allem schuld ist.

12 Die emotionale Wirkung von SM-Nachrichten auf ihre Nutzer

Aufgabe 1:

a) Man hat das Empfinden, einer Gruppe anzugehören, die scheinbar etwas weiß, was viele andere nicht wissen, so entsteht das Gefühl von Zusammengehörigkeit durch dieses Insider Wissen.

b) Desto häufiger ich selbst etwas in einer SM-Gruppe poste, was von den anderen durch das Daumen hoch Symbol als gut empfunden wird, desto bekannter werde ich in dieser Gruppe. So bekomme ich Bestätigung und mein Selbstwertgefühl steigt.

Aufgabe 2:

a) Nicht begründete Aussagen

- Es werden keine Gründe genannt, warum trotz Erhöhung der Kapazitäten an den Unis nicht genügend Lehrkräfte an den Schulen ankommen bzw. warum Lehramtsstudenten ihre Ausbildung abbrechen.
- Es wird die Behauptung aufgestellt, dass „nur“ durch die Einstellung von Verwaltungskräften und IT-Fachleute der Lehrerberuf wieder erträglich wird. Das mag ein Grund sein, aber nicht der einzige, wie es das Wort „nur“ suggeriert.
- Das Gleiche gilt auch für die Behauptung, dass nur dann die Attraktivität für das Berufsbild Lehrer steigen wird, wenn deren Bezahlung angehoben wird.
- Es wird nicht ausgeführt bzw. begründet, warum die Anerkennung im Ausland erworbener Abschlüsse von Lehrkräften eine Erleichterung beim Lehrkräftemangel bringen könnte.

b) Nicht wertfrei geschilderte Aussagen

- Wenn gesagt wird, dass viele Lehramtsstudierende ihre Ausbildung „frustriert“ abbrechen, werden negative Emotionen beim Leser erzeugt. Besser wäre es nur zu schreiben, dass sie die Ausbildung abbrechen bzw. die Gründe dafür zu nennen.
- Die Aussage, die meisten Lehrkräfte würden ihren Beruf zwar lieben, aber dessen Belastungen würden junge Menschen, die auch Lehrer werden wollten, schockieren, erzeugt ebenfalls negative Emotionen.
- Die Aussage, der Lehrerberuf würde, sollten diese Maßnahmen nicht gelingen, immer mehr so empfunden, als befinde er sich „auf einem absteigenden Ast“, ist eine eher umgangssprachliche Formulierung und ruft wieder negative Emotionen hervor.

Aufgabe 3: Man wird nicht dazu animiert, sich zu fragen, welchen Anteil das eigene Verhalten an diesem Frust hat, so kann man eigene Fehler nicht erkennen und diese dann zukünftig möglichst vermeiden.

Aufgabe 4: Wege zu benennen, wie Sachverhalte in der Praxis verändert werden könnten, setzt ein differenziertes Wissen darüber voraus, wie gesellschaftliche Veränderungen in einer Demokratie zu erreichen sind. Beispielsweise wie neue Gesetze vom Bundestag entworfen und beraten werden, welchen Einfluss Lobbyisten auf diese nehmen, unter welchen Voraussetzungen das Grundgesetz Volksentscheide zulässt. Dies alles setzt entsprechendes Wissen voraus, was Anstrengung und Zeit erfordert, sich dieses anzueignen. Etwas nur zu kritisieren, ist da viel einfacher.

Lösungen

12 Die emotionale Wirkung von SM-Nachrichten auf ihre Nutzer

Aufgabe 5: Man muss so auch keine kritische Selbstreflexion betreiben, die Follower sagen mir, wie gut ich angeblich bei anderen ankomme.

In einer SM-Gruppe kann man sehr schnell Anerkennung und Bestätigung bekommen, wenn man selbst etwas postet.

Zeit und Anstrengung würde es hingegen erfordern, wirklich in das Thema einzusteigen und sich deren Hintergründe anzueignen.

Trotzdem kann man aber immer wieder zu dem Thema etwas sagen, man ist ja für dieses nun scheinbar ein Experte.

So braucht man in die Materie nicht weiter einzusteigen, muss sich mit dieser nicht näher beschäftigen.

Über die SM entsteht für den User eine neue virtuelle Realität, wobei seine Anerkennung in dieser dabei messbar erscheint.

Sie wird nämlich messbar dadurch, wie viele Follower ihm folgen.

13 Typisches Diskussionsverhalten von SM-Nutzern

Aufgabe 1: **a)** SM-Nutzer wiederholen immer wieder ihre Thesen, ohne auf Gegenargumente einzugehen. Zur Begründung ihres Standpunktes führen sie häufig Beispiele an, die ihnen Bekannte erzählten. Sie lassen den Diskussionspartner kaum zu Wort kommen und reden permanent auf ihn ein.

b) SM-Nutzer werden im Netz ständig mit den gleichen Nachrichten versorgt, diese werden auch ständig wiederholt, so werden sie schließlich von den Nutzern geglaubt. Das Eingehen auf Gegenargumente und sich mit diesen auseinandersetzen wird so verlernt. Die SM-Nutzer verhalten sich dann bei persönlichen Diskussionen auch so, wie sie im Netz miteinander umgehen.

Aufgabe 2: Individuelle Antworten, z. B.: Man sollte es mit den gleichen Methoden versuchen, durch die die SM-Nutzer beeinflusst werden. Einfache, simple Aussagen bzw. Videos müssten von Bloggern ins Netz gestellt werden, die immer wieder die gleichen Inhalte haben, allerdings nun in Form von alternativen Aussagen. So ist es wahrscheinlich, dass irgendwann die SM-Nutzer nun das glauben. Dann müsste man sie wieder mit den alten Thesen konfrontieren, so besteht die Hoffnung, dass sie anfangen, sich nun kritischer mit diesen auseinander zu setzen.

15 Zusammenfassende Aufgaben

Aufgabe 1: Wenn man beständig mit dem Smartphone etwas googelt, zieht unser Gehirn daraus den Schluss, weniger **speichern zu müssen.**

Das Gedächtnis des Menschen besteht aus einem Netzwerk von Milliarden von Nervenzellen, die **miteinander gekoppelt sind.**

Dem Gehirn fehlen Kapazitäten, die es für das Begreifen komplexerer Sachverhalte benötigt, da diese damit beschäftigt sind, **immer wieder neue Handy Meldungen einzusortieren.**

Bei beständiger Handy-Nutzung kommt es zu Konzentrationsverminderung, Aufmerksamkeitsdefiziten, **Verzögerungen beim Begreifen eines Sachverhalts und verminderter Lernfähigkeit.**

Bei ständiger Nutzung des Handys kann es zu vermehrter Vergesslichkeit kommen, auch bezeichnet als **„digitale" Demenz.**

Aufgabe 2: Das Handy sollte erst dann benutzt werden, um einen Sachverhalt zu googeln, wenn man über diesen zuerst selbst nachdachte und bestimmte Dinge nicht mehr erinnerte, sonst sollte es ausgestellt sein, um nicht abgelenkt zu werden.

Aufgabe 3:

1. Richtig.
2. Richtig.
3. Falsch, sie werden in erster Linie an Firmen verkauft, womit diese gezielt Werbung für ihre Produkte betreiben.
4. Richtig.
5. Falsch, Fake News sind manipulierte, vorgetäuschte Nachrichten.
6. Richtig.
7. Richtig.
8. Falsch, sie muss nicht falsch sein, es ist nur wahrscheinlicher, dass sie falsch ist.
9. Falsch, deren Wahrheitsgehalt tritt dabei in den Hintergrund.
10. Richtig.

Lösungen

15 Zusammenfassende Aufgaben

Aufgabe 4: Professionelle Reporter überprüfen den Wahrheitsgehalt einer Nachricht, bevor sie diese veröffentlichen, durch weitere Quellen. Sie interviewen zu diesen Nachrichten auch Wirtschaftsfachleute, Wissenschaftler bzw. Politiker. Auch haben sie meist Informanten, die ihnen Insider Nachrichten zukommen lassen, z. B. aus der Politik. Erst dann wird ein Artikel über einen Sachverhalt geschrieben, dessen Inhalt möglichst wertfrei dargestellt wird. In diesem wird in der Regel auch genannt, woher die Informationen stammen, wer sie berichtete, oder es wird ausdrücklich gesagt, dass die Nachricht nicht überprüft werden konnte.
Werden Nachrichten von Influencern in SM-Gruppen verbreitet, wurden diese fast ausschließlich im Netz recherchiert. Ob diese Nachrichten wahr sind, tritt dabei in den Hintergrund. Denn es geht ihnen bei Nachrichten, die sie ins Netz stellen, in erster Linie darum, andere zu überzeugen, diese zu glauben, z. B. indem immer wieder ähnliche Nachrichten gepostet werden.

Aufgabe 5:

a) Liest man etwas im Netz, werden die Texte dort meist unter dem Aspekt, Schlüsselwörter zu finden gelesen, den Rest der Texte überfliegt man. Wissenschaftliche Untersuchungen ergaben, dass das Verstehen und Begreifen eines Sachverhalts besser gelingt, wenn dieser durch ein Buch oder Gedrucktes vermittelt wurde. Die so erworbenen Informationen konnten auch besser erinnert werden, im Gegensatz zu denen, die aus dem Netz gefischt wurden.

b) Es waren die Fähigkeiten, Emotionen, Gedanken, Motive und Persönlichkeitsmerkmale anderer Personen besser zu erkennen, zu verstehen und nachzuempfinden. In Belletristik Büchern werden die handelnden Personen und ihre Gefühle meist ausführlich und genau beschrieben, damit man sich in diese gut hineinversetzen kann. So wird der Leser „geschult", sich in unterschiedliche, für ihn erstmal fremde Personen einfühlen zu können.

Aufgabe 6:

1. Werden Statistiken in einer Nachricht genannt, die diese untermauern sollen, ist deren Wahrheitsgehalt anzuzweifeln, wenn nicht angegeben wird, aus **welcher Untersuchung oder Studie diese stammen.**
2. Misstrauen ist auch angesagt, wenn das Datum einer Nachricht **sehr alt ist oder gar nicht genannt wird.**
3. Werden in einer Nachricht auch gegenteilige Standpunkte genannt und ist die Sprache dabei emotionsfrei, ist die Wahrscheinlichkeit sehr hoch, dass diese Nachricht **wahre Sachverhalte aufführt.**
4. Seriöse Wissenschaftler veröffentlichen neue Erkenntnisse bei Forschungen erst dann, wenn diese vorher von anderen Wissenschaftlern **diskutiert, bestätigt oder abgelehnt wurden.**
5. Verschwörungstheoretiker sind der Meinung, die Regierung manipuliere das Volk in eine bestimmte Richtung, indem sie bestimmte Meinungen **unterdrückt bzw. verbietet.**
6. Menschen sind dann anfällig, Verschwörungstheorien zu glauben, wenn sie sich von anderen nicht ausreichend wahrgenommen fühlen oder **sich ihnen unterlegen fühlen.**
7. Menschen, die an Verschwörungen glauben, glauben auch, sie tun etwas Gutes, wenn sie **andere über diese aufklären.**
8. Man kann in den SM Gruppen Wut, Ärger und Frust loswerden, ohne Sanktionen **befürchten zu müssen.**
9. So muss man sich nicht fragen, warum man solche Gefühle hat und welchen Anteil **daran das eigene Verhalten hat.**

Aufgabe 7: SM-Gruppen zeichnen sich dadurch aus, dass in ihnen ein Zusammengehörigkeitsgefühl herrscht.

Man braucht in einer SM-Gruppe kein Hintergrundwissen, um die dort eingestellten Posts verstehen zu können.

Postet man etwas selbst in SM-Gruppen, das von deren Mitgliedern positiv bewertet wird, steigt dadurch das eigene Selbstwertgefühl.

SM-Influenzier benutzen häufig bei ihren Posts eine Wortwahl, die Emotionen hervorruft und so ihre Thesen auch auf dieser Ebene bestärken soll.

In den SM wird i. d. R. nicht aufgezeigt, wie dort negativ beschriebene Sachverhalte praktisch verändert werden könnten.

Untersuchungen zeigen, dass vor allem Jugendliche sich immer häufiger nur noch durch SM-Gruppen über das Weltgeschehen informieren.

In SM-Gruppen scheint zu gelten, je häufiger eine Aussage zitiert wird, desto glaubwürdiger ist sie. Eine Wahrheitsprüfung scheint dann nicht mehr erforderlich zu sein.

Diskutiert man mit SM-Nutzern, wiederholen diese meist immer wieder ihre Thesen gegenüber ihren Diskussionspartnern.

SM-Nutzer scheinen auch verlernt zu haben, in Diskussionen auf Gegenargumente zu ihren Thesen einzugehen und sich mit diesen auseinanderzusetzen.

Lösungen

15 Zusammenfassende Aufgaben

Aufgabe 8: